日本史の謎を斜めから見る

井上知明

鳥影社

はじめに

筆者が歴史というものに興味を持つようになってから、半世紀近くになる。この本は、筆者が常日頃から疑問に思ってきた日本史上のいくつかの事象について、主に古代史を中心に取り上げてみたものである。

歴史の中で「事件」と言われるような事象でも、なぜそのようなことが起きたのかが未だによくわかっていないことは結構多いし、学者や専門家と呼ばれる人の中でも見解が分かれていることは少なくない。特に、古い時代のことについては史料も少ないためなおさらである。

歴史上のよくわかっていない事象、すなわち歴史上の「謎」といわれるような事象について、さまざまな立場からの学説・見解を取りまとめ、自分なりにそれを咀嚼《そしゃく》・検討して一つの結論を導き出していくという作業は、たとえその結論がうまく出せない場合でも、それはそれで面白さ、楽しさを伴うものであり、口幅ったく言えば最高の知的エンターテインメントであると言えよう。この本を手に取られた読者の皆様にも、ぜひその楽しみを味わっていただきたいと思う。

筆者は歴史の専門家ではないし、いわゆるマニア的な歴史好きというわけでもない。読んだ本や史料もそれほど多くはなく、また偏りもある。この本の中では、ある事象についてさまざまな見解があるような場合には、できるだけ公平に紹介するよう努めたつもりであるが、結果的に筆者が賛同できると思っている見解が多く取り上げられていることについては、御寛恕をお願いしたいと思う。

この本では筆者の興味関心の範囲で、古代史を中心に志賀島《しかのしま》金印から本能寺の変まで、一四の話題を取り上げてみた。それぞれの記事の最後には、少しだけではあるが参考文献も掲載したので、興味を持たれた方はぜひ参考文献にも当たっていただきたい。書店にないものもあるが、大きな図書館には入っているものが多いと思うし、古本屋で入手可能なものもある。

この小著が読者の皆様に、「歴史の謎を斜め上から見るような」面白さを多少なりとも提供できているようであれば、筆者にとっては大変嬉しいことである。

目次

日本史の謎を斜めから見る

国宝「漢委奴國王」金印は偽物なのか

福岡市博物館にすばらしい金印がある。天明四年（一七八四年）、博多湾に浮かぶ志賀島《しかのしま》から出土したとされ、国宝に指定されている「漢委奴國王」印である。中国の史書である『後漢書』東夷伝の倭条（『後漢書』倭伝）に「建武中元二年、倭奴国、奉貢朝賀す。使人自ら大夫と称す。倭国の極南界なり。光武、賜うに印綬を以てす。」とあるが、光武帝から下賜された印綬はおそらく金印紫綬であり、この金印こそが『後漢書』倭伝に出てくる印であるとされている。金印には「漢委奴國王」の五文字が三行に分けて刻印されており、このうち一行目の漢の字のみが縦に長く、他の字の二文字分の大きさで書かれている。つまみ（鈕）の部分は蛇をかたどったもので、蛇鈕《だちゆう》と言われる。印面は一辺の長さが平均で二・三四七センチメートルであり、漢の印制（官印は方一寸）に適っている。また、傷みが少なくきれいな状態であり、印章として長い間使われ続けたようには思われない。

天明四年、現在の福岡市東区志賀島にある叶崎《かなのさき》で農民甚兵衛らが、田の境の溝を修築中に大石の下から金の印判のようなものを発見した。甚兵衛は村の庄屋及び組頭（二名）と連名で郡奉行の津田源次郎宛に発見の経緯を述べた口上書を提出している。

現在、その場所と思われるところには、「漢委奴國王金印發光之處」という記念碑が建てられている。しかし、出土場所をめぐっては疑問が多く、昭和四八年に福岡市が九州大学に依頼して行った発掘調査では、溝に相当すると思われる水路などを含めた徹底した調査にもかかわらず、金印に関係すると考えられる弥生後期の遺物や人工的な構築物は皆無に近い状態だったという。普通にはちょっと考えにくいことである。

このように、出土地についての疑問があることから駒澤大学の田中弘之氏は、金印発見当時の情況には他言をはばかるような事情があったのではないかとして、金印は埋まっていたのではなく島の北部の神社の祠《ほこら》の中に祀られていたのではないかと推測した。また最近、金印はもともと福岡県糸島市の細石《さざれいし》神社にあったのではないかという説も出てきた。本当は糸島市の井原《いわら》・平原《ひらばる》あたりの弥生遺跡から出土したものを、発見者が地域の細石神社に納めたのではないかという。

この金印をめぐっては、早くから偽印ではないかとの疑いがもたれてきた。近年では三浦佑之《すけゆき》氏がその著作『金印偽造事件』で、発見の経緯にあいまいさがあること、江戸時代の技術水準なら贋作を作ることは可能であることなどを挙げ、さまざまな考察の結果、実はこの金印を鑑定した地元福岡の儒学者である亀井南冥《なんめい》などが関与して偽印を作ったのだとしている。三浦氏は、根拠のない憶測としながらも、実際に金印を彫ったのは、江戸時代を代表する篆刻《てんこく》家の高芙蓉《こうふよう》である可能性もあるのではないかと述べている。

漢の印制については、前漢の武帝の時に定められた『漢旧儀《かんきゅうぎ》』の規定が参考になる。西南学院大学教授であった高倉洋彰《ひろあき》氏は、この金印の一辺の長さが岡崎敬《たかし》氏が指摘するように『漢旧儀』の規定する方一寸に正しく従っていることは重要であるとしている。印譜集（印影を集めた資料集）などのさまざまな資料から一寸の実長を厳密に定めるのは、一見容易に見えるが実はなかなか難しく、江戸時代には無理であろうという。

また、これだけのものを偽作しようとすれば、その知識は『漢旧儀』からきたとしか考えられないとし、そこには蛇鈕はないので、皇太子・丞相・大将軍・列侯などの高官用の亀鈕《き》か、近年まで漢の内臣である諸侯王用と考えられていた駱駝《らくだ》鈕でなければならないとした。本物らしく偽物を作りたいのであれば、亀鈕か駱駝鈕にするのが当然であり、一九五六年に「滇《てん》王之印」が中国雲南省から出土するまでその存在が知られていなかった蛇鈕にすることはありえないということである。納得できる説であると思う。（高倉氏によれば、『漢旧儀』の規定にもかかわらず、後漢〜晋《しん》代の蛇鈕印が漢委奴國王印を含め一三例確認されている。）

亀井南冥はその論考「金印弁或問」で、金印の鈕を蛇鈕と断定している。その論拠としては、『集古印譜』（中国明代に出版された印影集）を見ると、晋の時代には「虺鈕《き》」を用いたものがあり、蛮夷の地は「虺蛇」が多く、虺と蛇は同類であり（虺はマムシのこと）、蛇鈕を用いたのだろうとしている。南冥がそのようなことまで考えた上で、鈕の部分のデザインも含めて偽物作りに関与していたということであれば、なかなか大したものだとも思えてくる。

「漢委奴國王」の文字については、『後漢書』に出てくる倭ではなく、にんべんのない委の字が使われているが、偽物を作るのであれば当然『後漢書』の記載に合わせるのが普通であろう。委の字が用いられていることは、この金印が本物であるという証拠の一つになっている。

しかし、これについて三浦氏は、偽物を作ろうとした者は漢字の偏が省略されることを知っていて、文字のバランスを考えて委にしたのだとする。また、その人物は相当のくせ者で、『後漢書』の通りに「倭奴國」とするよりも、「委奴國」とした方が贋作の疑惑を受けにくいと考えたのかもしれないとしているが、この主張にはいささか無理があるのではないかと思う。三浦氏は漢の字についても、印面に漢の字を大きく彫るということなどは、『集古印譜』を見れば簡単に思いつくことだと述べている。

三浦氏の説は大変大胆で面白い説だと思うが、決定的な証拠には乏しく、現在のところでは金印は本物だというこれまでの通説が優勢のようである。金印の真贋について詳細に論じている古代史家の安本美典氏も、現状では真印である可能性の方が高いと判断している。筆者も「漢委奴國王」金印は恐らく本物であろうと思っているが、出土地については志賀島ではない可能性があるのではないかと思う。

参考文献

『研究史 金印』大谷光男、吉川弘文館、一九七四年
「『漢委奴国王』金印の出土に関する一考察」田中弘之（『駒澤史学』第五五号、二〇〇〇年）
『金印偽造事件』三浦佑之、幻冬舎新書、二〇〇六年
「漢の印制からみた『漢委奴國王』蛇鈕金印」高倉洋彰（『國華』一三四一号、國華社、二〇〇七年）

「『親魏倭王』『漢委奴国王』印をめぐる真贋論争」安本美典（『邪馬台国』一二〇号、梓書院、二〇一四年）

古代出雲王朝と出雲大社

『古事記』や『日本書紀』（以下『書紀』）には、出雲を舞台にした神話が登場する。特に、『古事記』には大国主命《おおくにぬしのみこと》（『書紀』では大己貴神《おおなむちのかみ》、以下大国主）に関するさまざまな記事が出てくる。しかし、出雲神話は長い間机上の創作ではないかと言われてきた。それは、記紀に書かれているような壮大な出雲神話を裏付ける考古学的な遺跡が出雲地方から全く見つかっていなかったからである。

ところが、昭和五九年（一九八四年）に出雲市斐川町《ひかわ》の荒神谷《こうじんだに》遺跡から銅剣三五八本が出土し、さらに翌年には、銅鐸六個、銅矛一六本が出土した。それまでに全国で出土していた銅剣の数は約三〇〇本であり、銅剣の数は一挙に倍以上になったのである。さらに、平成八年（一九九六年）には荒神谷遺跡から六キロメートルほど東の加茂岩倉遺跡が発見され、最終的に三九個もの銅鐸が出土した。それ以前には、一箇所からこれだけの数の銅鐸が出土したことはない。これにより、出雲神話が全くの架空であるという説は吹き飛んでしまった。また、出雲地方を中心に、弥生時代中期以降に独特の形をした四隅突出型墳丘墓が多数あることが知られている。これらのことを考えると、出雲には古代のある時点で何らかの強大な権力——王朝と言うべきもの——があったと見るべきであり、その形成から終焉までをあくまで大和王権の側から神話という形で取り上げたものが、記紀に登場する出雲神話ではないかと思われる。なお、『出雲国風土記』には、八束水臣津野命《やつかみずおみづぬのみこと》による国引きの神話など、記紀神話とはかなり異なる神話が収録されている。京都大学教授（日本古代史）であった上田正昭氏によれば、記紀に書かれた出雲神話は出雲系神話と言うべきものであり、『出雲国風土記』にある神話こそが真に出雲神話と呼べるものであるという。現在では、この考え方が広く認められるようになってきているようだ。

出雲王朝は建速須佐之男命《たけはやすさのおのみこと》（『古事記』による、以下スサノオ）から始まり、大国主の時に最も繁栄した。大国主は『古事記』ではスサノオの六世の孫とされ、『書紀』ではスサノオの子とされる。『書紀』ではたった二代で王朝が滅びてしまったことになるので、ここは『古事記』を採って六世の孫としておきたい。

『古事記』によれば、大国主は古代出雲を平定したあと、伯耆《ほうき》・因幡《いなば》を征服し、さらに播磨、越《こし》（北陸）から信濃地方まで、西は宗像《むなかた》・沖ノ島（筑紫）までを勢力圏に入れた。いわば日本海側を中心に勢力を拡げたのである。

各地方を征服するに際しては、それぞれの地方の有力者の娘との婚姻を繰り返している。例えば、越の征服においては沼河比売《ぬなかわひめ》を、宗像へ行ったときには天照大御神《あまてらすおおみかみ》（以下アマテラス）の長女である多紀理毗売《たきりびめ》を娶っている。多紀理毗売は沖ノ島の主神であり、大国主が沖ノ島を含む筑紫までも支配していたということになる。

しかし、記紀神話によれば、その後アマテラスらにより国譲りを強制され、大国主は国譲りを約束して多芸志《たぎし》の浜に建てた宮殿（これが出雲大社の起源とも言われる。）に鎮座することとなった。恐らくは自殺を強要されたのであろう。こうして大国主の王国は終焉を迎えた。アマテラスは自分の次男であるアメノホヒを大国主を祀るための神官にしたが、その子孫が出雲国造である。出雲国造は早々に現地化してしまったとはいえ、大国主を祀る出雲大社の祭司は大国主の子孫ではなく、あくまでアマテラスの子孫であることに留意すべきである。

出雲大社の神はその後、大和王権（天皇家）に祟《たた》った。崇神《すじん》天皇のとき疫病がはやり、どのように神を祭っても効き目がなかったが、大国主の和魂《にぎたま》（温和な神霊）とされる大物主神《おおものぬしのかみ》

（大和の三輪山の神）をその子の大田田根子《おおたたねこ》（『書紀』による、『古事記』では意富多々泥古）に祭らせることで、やっと終息した。また、『古事記』によれば次の垂仁天皇のときに、狭穂姫との間の子である品牟都和気《ほむつわけ》が壮年になってもものを言わず、出雲大神の祟りであることがわかった。出雲大神を参拝することにより、やっとものをしゃべれるようになったが、このような話は、出雲の大神である大国主の強い神威を表していると言えよう。

ところで、毎年旧暦一〇月に全国の神々が出雲大社に集まり、諸国が「神無し」になる月なので、旧暦一〇月を神無月と言うのだという説（俗説と言うべきか）がある。出雲側から見れば神在月ということになる。すべての神が出雲へ来るというのであれば、アマテラスも来るのだろうか。

アマテラスは今は伊勢神宮に鎮座しているが、もともと太陽神であり、『延喜式《えんぎしき》』神名帳には各地に天照神が散見される。アマテラスから敬語を抜けばアマテルになる。対馬に阿麻氏留《あまてる》神社という神社があり、祭神は日の神だという。他のアマテル神を祀る神社が、鏡作坐天照御魂《かがみつくりにますあまてるみたま》神社（奈良県田原本町）、新屋坐天照御魂《にいやにますあまてるみたま》神社（大阪府茨木市）などのように、天照と表意で書かれるのに対し、対馬にあるこの神社のみは阿麻氏留と表音で書かれることから、アマテル神を祀る最も古い神社ではないかとも言われている。歴史家の古田武彦氏は

『古代史を疑う』という著書で、阿麻氏留神社の氏子代表から、〈自分達の神様は大変偉いので、出雲には一番最後に行き、一番最初に帰ってくると聞いている。〉という話を聞いたことを紹介している。常識的には、一番最後に行き一番最初に帰るということは、出雲（大国主）に参集する神の中では一番地位が高いということになる。

このことから古田氏は、アマテルは大国主の第一の家来であったが、そのアマテルすなわちアマテラスが大国主に国譲りをさせて、その子孫がそれまでの中心権力者であった大国主に成り代わって主人になったのだという。国譲りとは、第一の家来による禅譲の強要だったということである。一種のクーデターのようなものとみてもよいのかもしれない。阿麻氏留神社における伝承がどれだけ古いものかはわからないが、興味深い説であると思う。ただし、古田氏は九州に近畿天皇家に先立つ王朝があったという説（九州王朝説）を唱えており、国譲りをさせたのは大和王権ではなく九州王朝だと説く。大和王権（天皇家）はのちに九州王朝の分流として誕生したとする。

出雲大社において、本殿は南向きであるのに祭神の大国主の神座は西を向いている。参拝者は南側から拝むことになるので、大国主の正面を拝んでおらず、横顔を拝んでいるということになる。ちょっと不思議に思うが、このことは出雲大社についての解説書には必ず載っている事実であり、大社を案内するガイドさんも本殿の西側からも参拝するように勧めている。なぜ西向きかということについては、舟を迎え入れる西の海を見ているとか、防御のため朝鮮あるいは筑紫の方を向いているなど、さまざまな説がある。参拝者が祭神を正面から拝まない神社は他にもある。例えば、茨城県の鹿島神宮の本殿は北向きであるが、内部の神座は東向きである。皇學館大学教授の牟禮仁《むれひとし》氏は、神職が神に奉仕する場合、正面から奉仕するのではなく、横から奉仕をするという神との向かい合い方があったのではないかという仮説を提示している。

作家の井沢元彦氏は、このことについて全く別の説を立てている。参拝者に向かっているのは大国主ではなく御客座五神（いずれも大和朝廷系の神）であり、参拝者は実はこの五神を拝んでいる。井沢氏によれば、五神は大国主が幽界から出てこないようにするための門番のようなものだという。つまり、出雲大社は無理やり国譲りをさせられ強い怨念を持った大国主を封じ込めるための神殿であるというのが井沢氏の説である。法隆寺が聖徳太子一家の怨霊鎮魂の寺であるという梅原猛氏の説と共通するところがある。

また、にわかには信じがたいことであるが、現地の民間の伝承の中には大国主に関するものが残っているようである。例えば、古田氏の前掲書には、島根県大田市仁摩《にま》町の湯迫《ゆざこ》温泉の宿の老女が語ったこととして、〈大国主命が賊に追われて逃げてこられたとき、わたしの家の祖先がおかくまいした、そのように聞いております。〉という記載がある。また、作家の司馬遼太郎氏は、氏が当時勤務していた産経新聞社（大阪）の出雲出身の同僚から、先祖が大国主である旨を直接聞き、〈白昼に亡霊を見るような観があった。〉と正直に述べている。

これらの伝承の真偽については何とも言えないところがあるが、少なくともある時点から（いつからかが問題であるが）、その家にはそのような話が伝わっているということは認めざるを得ないのではなかろうか。出雲やその周辺には、このような伝承を持つ家が他にもあるのではないかと思う。伝承というものの扱いは難しいが、そのような古い時代のことが現在まで伝承されるはずがないとか、荒唐無稽として頭から否定してしまうのは、むしろ科学的、合理的な思考とは言えないように思う。

出雲大社の創建がいつであったかということについては、謎が多い。記紀神話が語っている神代に創建されたという説はさておき、『出雲国風土記』出雲郡条には出雲御埼《みさき》山の西の麓に出雲大社が鎮座していたことが書かれており、少なくとも風土記が撰上された七三三年には社殿があったとみてよいであろう。その創建が七世紀代に遡る可能性も十分ある。しかし、出雲大社境内の遺跡で最も古いのは、後述のように鎌倉時代の宝治二年（一二四八年）

遷宮の遺構であり、考古学的にはそれ以前のことははっきりしない。

現在の出雲大社本殿は江戸時代の延享元年（一七四四年）に建てられたもので、高さは八丈(二四メートル)である。中古には高さが一六丈(四八メートル)あり、上古には三二丈(九六メートル)あったと言われている。記録を調べると、出雲大社は風もないのに何度も倒壊していることから、その高さがかなり高かったことが示唆される。作家の祖田浩一氏によれば、江戸時代の延享の造替までに二五回の造替があったという。


平安中期天禄元年（九七〇年）に源為憲《ためのり》が当時の社会常識を子供のために暗唱しやすくまとめた『口遊《くちずさみ》』には、建造物の大きさを示したものとして「雲太、和二、京三」という言葉が登場する。「出雲太郎、大和二郎、京三郎」という言い方を略したものであり、出雲大社が東大寺大仏殿、平安京の大極殿より大きいことを表している。当時の東大寺大仏殿は高さ一五丈であったことがわかっており、出雲大社はそれよりも高かったことになる。三二丈はともかく、一六丈の高さというのは信憑《しんぴょう》性がありそうだ。

平成一二年（二〇〇〇年）に、出雲大社境内にある鎌倉時代（宝治二年）の造営とされる本殿跡の三箇所から巨大な柱が発掘された。出土したのは、九本の柱のうち心御柱《しんのみはしら》、宇豆柱《うずばしら》、南東側柱である。いずれも三本の杉の大材を抱き合わせた構造であり、直径は約三メートルであった。古代出雲大社の平面図として出雲国造家に伝わる「金輪御造営差図《かなわのごぞうえいさしず》」という古図があるが、これには三本の丸太を金属の輪で束ねた柱が描かれており、この古図と一致していたわけである。古代出雲大社の四八メートルの神殿については、後に京都大学教授になった福山敏男氏（建築史）がその可能性を初めて明らかにし、昭和一二年に復元図を作った。その考えをもとに、大林組が四八メートルの神殿の建築が可能であることを実証したが、一部の考古学者からは強い批判を浴びていた。平成一二年の巨大柱の発見はその批判を覆すものであり、高さ四八メートルの神殿の実在性がほぼ確実になったと言えるのではなかろうか。

このような巨大な建物が建てられる前提として、日本海沿岸地方に縄文時代から巨木を利用した文化（宗教的なものか）があったことがあげられよう。例えば、今から五五〇〇年ほど前とされている能登半島の真脇《まわき》遺跡から、最大直径が一メートル近くもある栗材を半割にして環状に一八本も並べたものが出土している。また、金沢市のチカモリ遺跡でも同様の環状木柱列が発見されている。出雲により近い山陰の妻木晩田《むきばんだ》遺跡（弥生時代中期〜後期）では大型建物の跡が見つかっているし、その近くの稲吉角田《いなよしすみだ》遺跡（弥生時代中期）からは高層建築物が描かれた土器が出土している。出雲と日本海沿岸地方との交流があったことは間違いないので、出雲大社の建築にもこのような伝統が影響を及ぼしていると見てよいであろう。

それにしても、出雲大社というこれだけの巨大な建造物を、何度倒壊しようと建て直してきた執念というかエネルギーには、あらためて驚嘆せざるを得ない。無理やりに大国主の王朝を葬ったという負い目、祟りをなす出雲大社への畏れがそれをさせてきたということであろうか。

参考文献

『古事記』倉野憲司校注、岩波文庫、一九六三年
『日本書紀（一）』坂本太郎・家永三郎・井上光貞・大野晋　校注、岩波文庫、一九九四年
『風土記』小島瓔禮校注、角川文庫、一九七〇年
『日本の神話を考える』上田正昭、小学館、一九九一年
『古代史を疑う』古田武彦、駸々堂、一九八五年
『古代出雲大社の祭儀と神殿』椙山林継・岡田莊司・牟禮仁・錦田剛志・松尾充晶、学生社、二〇〇五年

『逆説の日本史1　古代黎明編』井沢元彦、小学館文庫、一九九八年
『歴史の中の日本』司馬遼太郎、中公文庫、一九七六年
『古代出雲　巨塔の謎』祖田浩一、中公文庫、二〇〇二年
『古代出雲大社の復元』大林組、学生社、一九八九年

「天孫降臨」の地はどこか

『古事記』、『日本書紀』（以下『書紀』）によれば、大国主に国譲りをさせたあと、アマテラスたちは葦原中国《あしはらのなかつくに》を孫の天津彦彦火瓊瓊杵尊《あまつひこひこほのににぎのみこと》（『書紀』による、以下ニニギ）に治めさせようと、真床追衾《まとこおうふすま》（かけぶとん）に包んで天降らせた。これを「天孫降臨」と言っている。天降った場所について、記紀は以下のように記述する。

①日向の襲《そ》の高千穂峯《たかちほのたけ》（『書紀』本文）
②筑紫の日向の高千穂の槵触峯《くしふるのたけ》（『書紀』第一の一書）
③日向の槵日《くしひ》の高千穂の峯（『書紀』第二の一書）
④日向の襲の高千穂の槵日の二上峯《ふたがみのたけ》（『書紀』第四の一書）
⑤日向の襲の高千穂の添山峯《そほりのやまのたけ》（『書紀』第六の一書）
⑥竺紫の日向の高千穂の久士布流多氣《くしふるたけ》（『古事記』）

この場所をめぐっては古くから、日向を日向の国（現在の宮崎県と鹿児島県の一部）と理解して、高千穂峯は宮崎県（西臼杵郡高千穂町）、あるいは鹿児島県と宮崎県の県境にある霧島山（高千穂峰や韓国岳がある）にあったとする説が有力であった。特に、いわゆる「神武東征」の出発地が日向の国とみなされてきたことから、このような説が定着したものと思われる。

しかし、この説には大きな問題がある。『古事記』によれば、天降ったニニギは〈此地は韓国《からくに》に向かひ、笠紗《かささ》の御前《みまえ》に真来《まき》通りて、朝日の直《ただ》刺す国、夕日の日照る国なり。故《かれ》此地は甚《いと》吉き地。〉と言ったという。宮崎県や鹿児島県では、とうてい韓国に向かっているとは言えない。霧島山説だと霧島山系に韓国岳があるのでそれなりに整合するようにも思われるが、韓国岳に面しているから良いところだというのは牽強付会に過ぎよう。

これに対して、原田大六氏、門脇禎二氏、上田正昭氏、古田武彦氏などは、この高千穂は北九州の筑紫にあったと述べている。たとえば、上田正昭氏は以下のように論じている。

〈ところが（中略）「筑紫の日向の高千穂」とする場合には、これを必ずしも、国名日向に結びつけずに解釈することが可能である。この筑紫を国生み神話にいう「筑紫国」つまり福岡県地方（持統天皇四年〈六九〇〉―文武天皇二年〈六九八〉のころに筑前・筑後にわかれる）とし、その日向すなわち日に向かうところとすれば、この高千穂は北九州にあることになる。じっさいに『古事記』に描く日向の地は、「韓国に向」かうところで「朝日の直刺す国、夕日の日照る国」と述べられているではないか。もし日向を宮崎県地方としたり、鹿児島県地方としたのでは、それらの地は「韓国に向」かうところとはなりえない。〉（『日本神話』）

『書紀』の第一の一書と『古事記』には「筑紫（『古事記』では竺紫と表記）の日向の高千穂」と書かれているが、この筑紫を九州島全体をさすと考えるのはおかしい。上田氏が言うように、日向については北九州の筑紫、今の福岡県にあったと考える方が妥当であると思われる。

また、原田氏の著書（『実在した神話』）には、福岡県内、糸島郡（現糸島市）と福岡市との間の高祖《たかす》山の南東に日向峠、日向山という地名があることが示されており、原田氏は高祖山を「天孫降臨」の地としている。この日向は、ヒュウガ、ヒムカではなくヒナタと読む。日向峠については、地図でも容易に確認することができる。高祖山や日向峠の西側には、直径四六・五センチメートルの日本一大きい鏡（国産の内行花文《ないこうかもん》八葉鏡、伊勢神宮の神体である八咫《やた》の鏡と関連があるのではないかとも言われる。）が五面も出土した平原《ひらばる》弥生遺跡や、三雲南小路遺跡《みくもみなみしょうじ》、井原鑓溝遺跡《いわらやりみぞ》など、弥生時代の王墓とみなされる墳墓を含む遺跡群がある。また、東側（福岡市西区）には日本最初の宮殿ではないかとも言われる巨大な建物の跡などが見つかった吉武高木遺跡《よしたけたかぎ》がある。

古田氏の『盗まれた神話』には、大正二年刊行の『怡土志摩《いとしま》郡地理全誌』の「高祖村、椚《くぬぎ》」の項に、「くしふる山」と呼ばれる山名の記載があることが引用されている。氏が言うように、特色ある名称である上、宮崎県などとは違って大正以前にこのあたりが天孫降臨の地だという認識があったとは思われないので、記紀の時代に合わせて後から作られた山名とは考えにくいのである。

「天孫降臨」の地はどこか

神が天から山の峰に降下するという考え方は、アジアのアルタイ諸族の持つ考え方と一致している。特に、『古事記』及び『書紀』第一の一書にあるクシフルノタケへの降下については、朝鮮半島加羅《から》の神話で、太古の昔に亀旨《くじ》峰に始祖である首露《しゅろ》王が降ったというのに類似している。クシフルやクシヒは明らかに古代朝鮮語と関連があり、『書紀』第六の一書の添(ソホリ)も朝鮮語に由来するのは間違いないとされる。記紀の天孫降臨神話には古代朝鮮と共通する要素があることがよくわかる。最近、「嫌韓」などという言葉が使われたりしているようだが、古代の朝鮮半島と日本（特に九州）には間違いなく深いつながりがあったのである。

参考文献

『古事記』倉野憲司校注、岩波文庫、一九六三年
『日本書紀（一）』坂本太郎・家永三郎・井上光貞・大野晋　校注、岩波文庫、一九九四年
『実在した神話』原田大六、学生社、一九六六年
『カメラ紀行　筑紫の神話』門脇禎二、淡交新社、一九六六年
『日本神話』上田正昭、岩波新書、一九七〇年
『盗まれた神話』古田武彦、朝日文庫、一九九三年

「神武東征」はあったのか

「神武東征」と言っても若い人は知らない人が多いかもしれない。いわゆる「神武東征」伝説は『古事記』、『日本書紀』（以下『書紀』）に書かれており、かいつまんで言えば、「天皇家の祖先が九州から奈良（大和）に移って、即位して初代神武天皇になった」という内容である。「神武東征」は、太平洋戦争までは記紀に書いてあるということで歴史的事実とされていた。さらに、神武紀元というものもあった。西暦前六六〇年に神武天皇が即位したとして、その年を神武紀元元年としたものである。戦前、早稲田大学教授であった津田左右吉《そうきち》は記紀の文献学的考証を行い、その説話が史実に基づいたものではなく天皇家の支配を正当化するために作られたものであると論証し、不敬罪で告発された。学問研究にとって暗黒の時代であった。

戦後、「神武東征」は全くの伝説、物語として扱われるようになり、これを史実と思っている人はほとんどいなくなった。そして、特に考古学関係の学会等では、このことに触れること自体が逆に一種のタブーのようになっていったようだ。このことについて、同志社大学教授（考古学）であった森浩一氏は『日本神話の考古学』の中で、〈太平洋戦争後の考古学では「神武東征」についてほんのわずかでもふれる研究者があると、「科学的でない」として非難の雨が集中した。そのため、しだいに事件としての「神武東征」だけではなく、考古学的な資料の整理の結果として導きだされた「九州の勢力あるいは文化の、大和など近畿への東伝あるいは東進」についてふれようとすることにも、ためらいがみられるようになった。〉と述べている。そして、〈しかし、そういうためらいを捨てて、虚心に神話・伝説と考古学の接点を探るべき時期であろう。〉と続けている。まさにその通りであると思う。

そこでまず、記紀に「神武東征」がどのように書かれているかを見てみよう。

（神武というのは中国風のおくり名であり、記紀に共通して出てくる名前はカムヤマトイワレビコ〈『古事記』では神倭伊波禮毘古命、『書紀』では神日本磐余彦天皇〉である。また、『書紀』では実名を彦火火出見《ひこほほでみ》としている。以下、便宜上神武とする。）

『古事記』

長兄（五瀬命）と一緒に高千穂の宮にいた神武が、日向から出発して筑紫に行った。豊国の宇佐を通り、筑紫の岡田宮に一年いた後、安芸の国の多祁理宮《たけりのみや》に七年、吉備の高島宮に八年いた。速吸門《はやすいのと》では亀の背に乗った人に案内され、槁根津日子《さをねつひこ》と名付けた。浪速の渡を通り白肩津《しらかたのつ》（楯津《たてつ》）に来た時、登美能那賀須泥毘古《とみのながすねびこ》の攻撃を受けた。五瀬命が重傷を負い、日に向かって戦ったのが良くなかったと言ったので、南方に回り茅渟《ちぬ》の海（和泉）に至った。五瀬命は紀の国で亡くなった。神武たちは熊野に入ったが、熊の毒気にあてられ、熊野の高倉下《たかくらじ》の持つ太刀により正気に戻った。八咫烏《やたがらす》の案内により吉野川の河口に着き、宇陀《うだ》に行った。兄宇迦斯《えうかし》、弟宇迦斯《おとうかし》の兄弟がいたが弟宇迦斯の内通により兄宇迦斯を殺し、死体を切り刻んでばらばらにした。忍坂《おしさか》の大室で、土雲《つちぐも》の八十建《やそたける》を和平の宴の最中に突然攻めて皆殺しにした。登美毘古《とみびこ》や磯城《しき》の地の兄師木《えしき》、弟師木《おとしき》を討った。邇藝速日命《にぎはやひのみこと》が来て仕えることになり、その後、畝傍《うねび》の橿原《かしはら》宮で天下を統治した。

『書紀』

甲寅《きのえとら》の年の一〇月五日に（兄弟四人で皇子たちと）出発した。速吸之門で椎根津彦《しいねつひこ》を水先案内人とした。筑紫の菟狭《うさ》を経て、一一月九日に筑紫の岡の水門に着いた。一二月二七日に安芸に、翌年三月六日に吉備に入り、高島の宮に三年いた。戊午《つちのえうま》の年、二月一一日に出発し、浪速の岬を通り、三月一〇日に河内の草香の青雲の白肩の津に着いた。四月九日に龍田に行き、一旦戻って生駒山を越えようとしたが、長髄彦《ながすねひこ》が軍を出し、孔舎衛坂《くさえのさか》で会戦となった。長兄（五瀬命）が負傷したため、日に向かって敵を討つのは良くないと引き返した。草香に戻り茅渟《ちぬ》（和泉）へ出たが、紀の国で五瀬命は亡くなった。六月二三日、名草邑《むら》に着いた。熊野へ向かったが海が荒れたため、神武の兄二人が自ら海に沈んだ。熊野の荒坂の港に着いたが、毒気に当たってしまい、高倉下の剣により復活した。八咫烏の道案内で菟田《うだ》に至り、八月二日、兄猾《えうかし》、弟猾《おとうかし》の兄弟を呼び、弟猾の内通により兄猾を殺した。九月五日、八十梟帥《やそたける》を見て、天香山の土を採って瓶を作り水なしで飴《たがね》を作って神を祭った。一〇月一日に出陣して八十梟帥を斬った。忍坂邑で饗宴を開き、賊を呼んで酔わせ皆殺しにした。一一月七日、磯城彦を攻めようとした。兄磯城《えしき》、弟磯城《おとしき》を呼び出し、手向かう兄磯城を殺した。一二月四日、長髄彦を攻撃し、苦戦していた時に金色の鵄《とび》が天皇の弓弭《ゆはず》に止まり、光り輝いたので、長髄彦の軍は戦えなくなった。長髄彦との交渉で両者ともに天神の子であることがわかったが、長髄彦は改心せず、櫛玉饒速日命《くしたまにぎはやひのみこと》は身内の長髄彦を殺し、神武に帰順した。翌己未《つちのとひつじ》の年二月に層富《そほ》、和珥《わに》、臍見《ほそみ》の土蜘蛛《つちぐも》を殺した。三月七日に東征の終了を宣言し、畝傍山の東南の橿原の地に都を作った。翌庚申《かのえさる》の年に正妃を立て、翌辛酉《かのととり》の年の春正月一日に即位し、これを神武天皇元年とした。

（甲寅の年から庚申の年までを即位前紀とし、辛酉年を即位元年とする。その間七年間がいわゆる「神武東征」伝説の期間である。なお、天孫降臨より甲寅の年までに一七九万二四七〇余歳とあり、これはもちろん荒唐無稽の数字である。）

『古事記』、『書紀』の内容は大筋では似ているように思われるが、異なるところも多々ある。例えば、『書紀』の方が具体的な年月日を書いていることがあげられるが、これは『書紀』が正史であり、中国の史書に見劣りがしないように、外国の暦をもとにしたものを遡って適用したためであるとされている。安本美典氏も述べているように（『神武東遷』）、この年月日は『書紀』編纂の際に机上で作られたものであろう。（なお、安本氏は、邪馬台国の女王卑弥呼の血を承けた神武天皇が、九州から東進し大和に王朝を建設したとしている。なかなか興味深い説であると思う。）

さて、まず神武たちの出発地であるが、『古事記』には日向と書いてあり、『書紀』には出発地が書かれていない。なぜ日向が出発地になったのかについては、古くから論争の対象になってきた。津田左右吉がその著作の中で、「神武東征」は歴史的事実ではないという立場から、〈天皇が日神すなわち太陽神の子孫であるという考え方が日向からの東遷の物語に結びついたのではないか。〉と述べていることはよく知られている。しかし、山田英雄氏が言うように、今も決定的な定説はないというのが正直なところだろう。

さらに、この日向がどこかというのが問題であるが、通説では宮崎県とする。しかし、天津彦彦火瓊瓊杵尊《あまつひこひこほのににぎのみこと》（『書紀』による、以下ニニギ）たちが到着したいわゆる「天孫降臨」の地が実は宮崎県ではなく北九州の日向《ひなた》（糸島市と福岡市の間あたり）であると思われることから、ニニギの子孫である神武たちもこの付近にいたと考える方が自然である。神武たちの出発地は宮崎県ではなく北九州の日向と見た方がよいのではないか。

（『書紀』の景行天皇一二年の九州遠征の記事の中で、景行が日向の国、今の宮崎県に到着したときに、ここが自分の先祖である神武天皇の出発地なのだというような感慨を持ったという記述が全くないことが知られている。）

次に、速吸門についてである。『古事記』と『書紀』では、東征説話の中で速吸門が登場する順番が異なる。通説では『古事記』の速吸門は明石海峡、『書紀』の速吸之門は豊予海峡を指すということになっているが、古田武彦氏は『古事記』の速吸門を鳴門海峡に当てている。明石海峡周辺は近畿の銅鐸圏と西方の武器型銅器圏（矛・戈・剣）との境界線で銅鐸圏にとっては死守すべき海峡であり、侵入者である神武たちはやすやすと明石海峡を通れないので、航海が難しい鳴門海峡を通らざるを得なかったのだという。言われてみれば、確かに穏やかな明石海峡よりも鳴門海峡の方が速吸門という名称にふさわしい。速吸門の場所については、『古事記』を採って鳴門海峡と見るのが一番妥当ではないかと思われる。なお、山田宗睦氏は、出発地を北九州の日向に近い福岡市の今津湾あたりとみて、『書紀』に書かれた速吸之門は関門海峡であるとしている。

ところで、弥生時代の大阪湾の内側には河内湖という大きな湖があり、北西部に一箇所だけ出入口があって大阪湾につながっていたことが知られている。神武たちは九州から吉備までは友好的な支援を受けていたが、大阪湾から河内湖に入ったとたんに攻撃を受けている。当地の在来の支配者であった長髄彦たちが、危機感を持って侵略者である神武たちに立ち向かってきたのである。そして神武たちは白肩津で敗れて撤退したのだが、その時に逃げた経路について、『古事記』は以下のように記す。

期《ちぎ》りて南方より廻幸する時に、血沼《ちぬ》の海に至り、其の御手の血を洗ふ。故《かれ》、血沼の海と謂ふなり。

当時の河内湖の沿岸である白肩津（今の東大阪市日下《くさか》町付近）で長髄彦たちとの戦闘があったとされているが、それに負けて逃げる時に「南方より廻幸する」では大阪湾に出ることができない。しかし、古田武彦氏が指摘するように、この南方を南の方ではなく地名の南方《みなみかた》（新大阪駅の近くに位置し、阪急電鉄の南方駅がある。）とすれば、ちょうど当時の河内湖の開口部に位置しており、ここを通って大阪湾に逃げ出すことができる。南方についての記事は『書紀』にはなく、七〜八世紀の地理情況では不合理とされて、削除されたのではないかという。（淀川周辺には「〇方」という地名があり、近くの枚方《ひらかた》は『書紀』継体天皇二四年の記事や、平安中期の百科事典的漢和辞書である『和名抄《わみょうしょう》』にも出現している。この南方もそれらと一連の古い地名と思われる。）

また、森浩一氏は、〈神武東征の物語が、少なくとも大阪湾から河内潟にかけての土地についての古代の地形に即して語られている事が不思議である。〉と述べ、さらに、〈といって神武東征から史実を引き出そうとしているのではなく、以上の不思議におもう点の原因をさぐりたい。〉と続けている（『古代史おさらい帖』）。しかし、森氏が言うように、この物語で次々に現れる地形はまさに当時の地理情況と大変よく符合していることから、「神武たちの大阪湾侵入と敗北の説話は、弥生期のある史実を反映しているのではないか」という考え方を捨て去ってしまうことの方が、むしろ問題ではないかと思われるのである。

敗北・撤退後、神武たちは熊野地方に大回りした上で、だまし討ちなどを含む血みどろの殺戮《さつりく》戦を行い、味方も得ながらやっと大和に入ることができた。記紀の記事を読むと、その殺戮戦の描写のなまなましさにいささか辟易《へきえき》させられる。もし「神武東征」が全くの創作であるとするなら、初代神武天皇をもう少し聖帝に脚色することができたはずであり、ここまで残虐なことをしたという描写はあり得ないのではないか。このことからも、「神武東征」の物語がある程度史実を元にしたものではないかと推測できる。

記紀が編纂された八世紀初頭の近畿天皇家の官人にとっては、大和こそが中心地であり、九州は遠い辺境の地であった。だから、本来的には、天皇家が九州から来たのではなく、「初めから日本の中心である大和に存在した」と書きたかったのではないかと思うのだが、九州から来たという何らかの根拠になる史料や伝承のようなものがあったので、そのように書かざるを得なかったということではないだろうか。

弥生時代の近畿地方からは、多くの銅鐸が出土していることが知られている。そのうち奈良盆地からは、弥生時代の前期〜中期にかけて銅鐸が出土しているが、弥生後期になると全く出土しなくなる。これについて従来の説では、「大和では弥生後期に至って社会組織と文化が著しく進歩し統一権力が発展したので、古き共同体の祭器である銅鐸は不要になり消滅したのだ」ということになっているが、銅鐸を用いない地域（例えば九州）の集団が弥生後期の初めに大和地方に侵入し、それにより在来の銅鐸文明は消滅したと考える方がより合理的に説明できる。「神武東征」伝説は、このような史実を一定反映したものではないだろうか。

以上のように、「神武東征」説話は全くの机上の創作ではなく、少なくともその骨格部分は、何らかの根拠（史実）に基づいたものである可能性が高いのではないかと思われる。ただし、そのことをもって、後に神武天皇と言われるようになった特定の個人がいたのだと言いきることができるかと言えば、それはなかなか難しいだろう。また、安本氏や古田氏も述べているように、記紀の中では『古事記』の方が、より伝承の原型に近いと言ってよいのではないかと思う。

『書紀』では、神武天皇の即位が辛酉の年になっている。古代中国の思想で、昔から辛酉の年には異変が起こるとされ、特に二一回目の辛酉の年には革命が起こるとされてきた。革命とは、周の武王が殷《いん》の最後の紂《ちゅう》王を討ったように王朝が変わることをさす。天帝が現在の王の無道を怒り、他の人にその王を討伐させて、新しい王朝を作らせるという考え方である。つまり、神武天皇の即位はまさに武力で長髄彦たちの前王朝（銅鐸の王朝）を葬ることで成り立ったのだと『書紀』は示しているのである。

東洋史学者であった那珂通世《なかみちよ》は、『書紀』は推古九年辛酉（六〇一年）を基準にしてそれより二一元、すなわち一二六〇年前の辛酉を神武即位元年に設定したとした。現在もこの考え方は妥当なものとされている。

参考文献

『古事記』倉野憲司校注、岩波文庫、一九六三年

『日本書紀（一）』坂本太郎・家永三郎・井上光貞・大野晋　校注、岩波文庫、一九九四年

『日本神話の考古学』森浩一、朝日新聞社、一九九三年

『研究史　神武天皇』星野良作、吉川弘文館、一九八〇年

『日本書紀の世界』山田英雄、講談社学術文庫、二〇一四年

『神武東遷』安本美典、中公新書、一九六八年
『ここに古代王朝ありき』古田武彦、朝日新聞社、一九七九年
『日本書紀（上）』山田宗睦、教育社新書、一九九二年
『古代史おさらい帖』森浩一、筑摩書房、二〇〇七年

現天皇家の真の初代は継体天皇か

万世一系という言葉がある。現在の天皇家が神武天皇以来、途切れることなく男系で続いているというのである。さすがに今では素朴にこのことを信じている人は少ないと思うが、皇室をめぐるさまざまな局面でこの言葉が登場することは多い。

三王朝交替説という学説を御存知だろうか。早稲田大学教授であった水野祐氏が唱えたもので、古代日本においては互いに血統を異にする三つの王朝が交替したという説である。それは、①銅鐸国家である崇神《すじん》王朝、②九州（狗奴《くな》国）に出自を持つ仁徳王朝、③大伴氏が擁立した継体王朝であり、③の継体天皇を始祖とする王朝が現天皇家として続いているというものである。この説については異論もあり、筆者としてもそのまま承服しがたいところもあるが、大枠としては今でもなかなかの魅力を持った説ではないかと思う。

継体天皇は、『日本書紀』（以下『書紀』）や『古事記』によれば応神天皇の五世の孫で、彦主人王《ひこうし》の子である。母は振姫といい、垂仁天皇の七世の孫である。しかし、『書紀』や『古事記』には応神から継体までの系譜が書かれていない。系譜が書かれているのは『上宮記《じょうぐうき》』という聖徳太子関連の史料のみである。

『書紀』には「誉田《ほむた》天皇（応神）の五世の孫、彦主人王の子」となっているので、六世の孫ともとれるが、『古事記』や『上宮記』は五世の孫としていることから、「誉田天皇の五世の孫であり、彦主人王の子である」と解釈すべきであろう。五世の孫が即位したということは、よく言われるように、ちょうど桓武天皇の五世の孫である平将門が天皇になったようなものであり、きわめて異例のことと言わなければならない。

正史である『書紀』に系譜が記載されてないのは、編者の手元に資料がなかったからとも考えられるが、現在は失われている『書紀』の系図一巻には当然系譜が記載されていただろうという黛弘道氏の説（『論集日本歴史1　大和王権』に収載）がある。また、系譜が書かれていないのは、その系譜が名誉にならないとして意図的に省かれた可能性があるのではないかという説（古田武彦氏）もある。

『上宮記』の原史料そのものは伝わっておらず、鎌倉時代後期の卜部兼方《うらべかねかた》の著書である『釈日本紀《しゃくにほんぎ》』にその逸文が載っている。この中で継体の出自に関しては、『釈日本紀』巻十三に「上宮記曰、一云」として引用され、応神から継体までの系譜が書かれている。凡牟都和希王（応神）―若野毛二俣王―太郎子―乎非王―汗斯王―乎富等大公王（継体）という系譜である。この史料については、通説ではかなり古いもの（推古朝前後）とされるが、大山誠一氏によれば最終的な成立時期は七世紀末以降ということであり、さらには、記紀にない系譜を補うために後世に造作したのではないかという説もある。なお、凡牟都和希はホムツワケと読めるので垂仁天皇の皇子ともとれるが、ここでは応神天皇（ホムタワケ）としなければ話のつじつまが合わなくなる。

『書紀』によれば、武烈天皇が亡くなり継嗣が絶えたので、大伴金村が議《はか》って福井・三国まで継体天皇を迎えに行かせたという。しかし、武烈の子はいなくても大和やその周辺をよく探せば、五代前まで遡らなくてもかなりの人数の天皇位の候補者がいたはずである。大伴金村はそれらの人を無視して強引に継体を連れてきたことになる。かなり強引であったということは、その後継体が抵抗を受けてなかなか大和盆地に入れず、二十年間も周辺部を転々としていたことからもわかる。金村は、継体の后に前王朝の仁賢《にんけん》天皇の娘である手白香《たしらか》皇女を立てて、いわば女系で前王朝とつながるようにした。それでもなお、継体はなかなか大和盆地に入れなかったのである。

また、継体天皇の前の武烈天皇が、『書紀』では極端に悪逆非道な人物として描かれている。例えば、「妊婦の腹を割いて、その胎児を見た」、「人を木に登らせ、弓で射落として笑った」、「女を裸にして平板の上に座らせ、馬を引いて前へ行き交接させた。陰部が濡れた者は殺し、濡れなかった者は官婢とした」などである。正史である『書紀』がここまで天皇をおとしめるような記事を平然と載せているのは、普通では考えられない。『書紀』は本来、天皇家が権力を獲得し保持してきたことの正当性を大義名分論の立場から述べている史書なのである。

このことについて山田英雄氏は、〈天皇をかくも明らさまに非難する文字を連ねることは、明治以後第二次大戦前の日本の社会においてはありえなかった。奈良時代においては律によると、乗輿《じょうよ》を指斥し、情理切害なるものすなわち天皇を非難したものは八虐の一である大不敬にあたり、斬刑に処せられる。日本書紀は政府の編纂物であるにもかかわらず、このような表現のあることは、天皇観が異なるものであることを示すものであろう。〉と述べている。

『書紀』には中国古典からの引用箇所が多いのであるが、さきの妊婦の腹を割く話は『呂氏《りょし》春秋』の注釈の文を、また、三番目の話は『古列女伝』の殷紂王《いんのちゅうおう》の妲己《だつき》等の文を参考にしたものであることがわかっており、武烈天皇についてのこれらの話は事実とは思われない。『書紀』にあるこれらの記事は、これほどまでに悪逆非道な人物が天皇であったのだからその王朝の終焉は当然のことであるとして、継体と金村による王朝簒奪を正当化するために作られたものだと思われる。なぜなら、『書紀』が編集された八世紀初頭の近畿天皇家関係者にとって、継体天皇はまさに彼らの王朝の始祖であったからである。このことについて古田氏は、〈率直に言おう。八世紀初頭の近畿天皇家にとって、次のような汚名をそそぐことは不可欠だった。「彼等は、真の天皇家の直系ではない。不法の簒奪者の子孫である」と。〉と述べている。

継体というのは漢風諡号《しごう》（おくり名）であり、歴代天皇に一括して漢風諡号を付けたのは、通説では淡海御船《おうみのみふね》であるとされている。水野氏によれば、奈良朝の知識層の間では、継体天皇については前代の天皇とは血のつながりがないことがはっきりと知られていた。すなわち、同じ「つぐ」の意味でも、血のつながりがあってつぐ場合に用いる嗣を用いず、血のつながりがない場合に用いる継を用いているからだという。このようなことを考えると、水野氏が述べているように、記紀に継体天皇が応神五世の孫と書いていることも一種の系譜的な擬制とみた方がよく、信憑性は薄いと言わざるを得ないであろう。

以上のように、継体王朝はそれまでの王朝とは基本的に断絶した（女系では形の上で続いた）、いわば新王朝と言うべきものであり、この新王朝がそのまま現天皇家につながっているということである。「神武天皇以来の万世一系」というのは明らかに間違った誇大広告であり、あえて万世一系と言うなら、「継体天皇以来の万世一系」と言うべきであろう（ただし、南北朝時代には天皇家が二系に分かれていたのであるが）。ちなみに、記紀には万世一系という言葉は登場しない。

参考文献

『古事記』倉野憲司校注、岩波文庫、一九六三年
『日本書紀（三）』坂本太郎・家永三郎・井上光貞・大野晋　校注、岩波文庫、一九九四年
『日本古代の国家形成』水野祐、講談社現代新書、一九六七年
『論集日本歴史1　大和王権』原島礼二編、有精堂、一九七三年
『日本列島の大王たち』古田武彦、朝日文庫、一九八八年
『聖徳太子の真実』大山誠一編、平凡社ライブラリー、二〇一四年
『日本書紀の世界』山田英雄、講談社学術文庫、二〇一四年

『隋書』倭国伝と『旧唐書《くとうじょ》』倭国日本伝からわかること

八世紀初めに『古事記』、『日本書紀』(以下『書紀』)ができるまで、日本には歴史を記録した書物はなかった。(実はあったのであり、伝わっていないだけと言った方が良いのかもしれない。『書紀』神代の巻には「一書に曰く」という形で本文とは異なる内容の数多くの一書が、また、雄略天皇二一年の記事には『日本旧記』という書名が記載されている。)記紀には大和王権が持っていた神話と王朝の発展史が書かれているが、その内容には架空のものや潤色されたものが含まれているとされる。したがって、古代日本の実態を解明するためには、先進国であった中国の記録との照合が必要になってくる。

古代の日本についての中国の記録のうち、最もよく知られているのはいわゆる『魏志』倭人伝であろう。これは晋の陳寿によるもので、三世紀の日本に存在した邪馬台(臺)国(原文では邪馬壹国となっている。)やその女王卑弥呼が登場することで有名である。

それに比べると、『隋書』倭国伝や『旧唐書』倭国日本伝は、普通の人にはあまり知られていないかもしれない。しかし、『隋書』倭国伝については、「日出ずる処の天子、書を日没する処の天子に致す。恙《つつが》なきや、云々」という有名な一節が記載されていると言えば、ああなるほどと頷く人も多いのではないか。これは教科書などにも載っており、通説では聖徳太子が送った国書とされている。つまり、これをもって聖徳太子による隋に対する対等外交が記録されたものだとするわけである。また、『旧唐書』には中国の記録の中で初めて日本という国号が登場している。

さて、『隋書』倭国伝についてである。倭国伝ということになっているが、原文では俀《たい》国伝となっており、当時倭国が俀国と称していた可能性がある。とりあえず倭国伝としておくが、その中に興味深い記載がある。

開皇二十年、倭王あり。姓は阿毎、字《あざな》は多利思北孤、阿輩雞彌と号す。(中略) 王の妻は雞彌と号す。後宮に女六、七百人あり。太子を名づけて利歌彌多弗利となす。(中略) 気候温暖にして、草木は冬も青く、土地は膏腴《こうゆ》にして、水多く陸少なし。(中略)阿蘇山あり。その石、故なくして火起こり天に接する者、俗以て異となし、因って禱祭を行う。

開皇二〇年は西暦六〇〇年、推古天皇八年にあたる。しかし、この倭王が推古天皇だとすると困ったことになる。推古天皇は女性であり、多利思北孤などという名前ではない。妻がいるはずもなく、後宮に女性が六、七百人などあり得ない。文中の太子が聖徳太子とすると、聖徳太子は利歌彌多弗利という名前ではない。『隋書』倭国伝が間違えて聖徳太子を倭王と記録したのだという説もあるが、聖徳太子は多利思北孤という名前ではない。また、倭王の姓が阿毎（あめ〈天〉か？）となっているが、天皇家に姓があったということは聞いたことがない。そして何より、正史である『書紀』にこのことが全く書かれていない。このように、もしこの倭国が近畿天皇家の王朝だとすると、理解できないことだらけなのである。

さらに、『隋書』倭国伝の別の箇所を引用してみる。「日出ずる処の天子、……」のところである。

大業三年、その王多利思北孤、使を遣わして朝貢す。使者曰く「聞く、海西の菩薩天子、重ねて仏法を興すと。故に遣わして朝拝せしめ、兼ねて沙門数十人、来たって仏法を学ぶ」と。その国書に曰く、「日出ずる処の天子、書を日没する処の天子に致す。恙なきや、云々」と。帝、これを覧て悦ばず、鴻臚卿《こうろけい》に謂って曰く、「蛮夷の書、無礼なる者あり、復た以て聞するなかれ」と。

大業三年は西暦六〇七年、推古天皇一五年である。しかし、多利思北孤が推古天皇や聖徳太子でないとするならば、天皇家とは無関係の別の王権が中国と交流していたのではないかと考えた方が合理的である。古代史家の古田武彦氏は、北九州に連綿と続いた王朝（九州王朝）があったとする説を唱えており、この倭国は九州王朝のことだとする。そうすると推古天皇や聖徳太子とは全く関係がないことになり、多くの疑問が一気に氷解する。阿蘇山が登場するのも、九州王朝であれば頷けるということになる。

多利思北孤が隋に対して自らを日出ずる処の天子と称したのは、それまで九州王朝が朝貢してきた中国南朝の最後の王朝である陳が、禎明《ていめい》三年（五八九年）に隋によって亡ぼされたためである。古田氏によれば、多利思北孤にとっては南朝こそが正当な王朝であり、隋は自分（東夷）と同じ蛮族（北狄《てき》）に過ぎず、とうてい王朝とは認められないものであった。その隋が天子を名乗るならということで、自らも天子を名乗るようになったのではないかという。

なお、『書紀』には、推古天皇一五年に小野妹子を唐に遣わしたと記載されているが、唐の建国は推古天皇二六年（六一八年）であり、唐との交流はそれ以降でなければ不可能である。（岩波文庫『日本書紀（四）』には「事実は隋」との注がある。）

次に、『旧唐書』倭国日本伝である。なぜ旧の字が付いているかと言えば、後に新しい唐書ができて差し替えられ、新版が正史になっていたが、清の乾隆《けんりゅう》帝の時に旧版も復権して新旧両方の唐書が存在しているからである。倭国、日本国のことは『旧唐書』の東夷伝に収められているが、これを便宜上『旧唐書』倭国日本伝と略す。

まず、その中の倭国については以下のように書いてある。

倭国は古の倭奴国なり。（中略）世々中国と通ず。（中略）その王、姓は阿毎氏なり。一大率を置きて諸国を検察し、皆これに畏附す。（中略）貞観五年、使を遣わして方物を献ず。太宗その道の遠きを矜《あわ》れみ、所司に勅して歳ごとに貢せしむるなし。

中国側の倭国に対する認識として、倭国は後漢光武帝の中元二年（西暦五七年）の倭奴国王の朝貢以降、卑弥呼の邪馬台国を経て多利思北孤まで連綿と続いている王権であるという理解をしていることがわかる。

日本国については以下のように述べられている。

日本国は倭国の別種なり。その国日辺にあるを以て、故に日本を以て名となす。あるいはいう。倭国自らその名の雅ならざるを悪《にく》み、改めて日本となすと。あるいはいう。日本は旧《もと》小国、倭国の地を併せたりと。その人、入朝する者、多く自ら矜大《きょうだい》、実を以て対《こた》えず。故に中国焉《こ》れを疑う。またいう、その国の界、東西南北各々数千里あり、西界南界は咸《み》な大海に至り、東界北界は大山ありて限りをなし、山外は即ち毛人の国なりと。

ここには、①日本国は倭国の別種、すなわち別の国であるとし、その国が日の出るところに近いので日本と名づけた、②倭国自身が倭という名称を嫌い、名称を日本に改めた、③もと小国の日本国が倭国の地を併せた、という三つの説が記載されている。このことから古田氏は、多利思北孤の九州王朝である倭国が自ら日本と称するようになったのが日本の国号の始まりであり、小国、すなわち日本列島の一豪族だった天皇家の王朝が九州の倭国を併合して、日本の名称を継承したのだとしている。このように考えると、確かに倭国と日本国との関係がすっきりと理解できる。
入朝する者が実を以て対えていないというのは、日本国（近畿天皇家）の使者が、中国側が持っている歴史認識（歴代の九州の王権との交渉の歴史）とは異なる内容、見解を以て答えているということである。このことからも、倭国と日本国が異なる王朝であることが示唆される。地理的な日本国の境界についても、東界北界の大山とは中部地方の山脈を指すと思われるし、その向こうの毛人の国とは蝦夷国であろうとされている。しかし、山田宗睦氏によれば毛人の国とはすなわち毛国〈のちに上毛《かみつけ》（上野）、下毛《しもつけ》（下野）となって統一日本国に吸収された〉のことで、今の関東北部のことだという。

このように、『隋書』倭国伝、『旧唐書』倭国日本伝を子細にみていくと、古田氏の言うように、天皇家に先行して九州に王朝があったと考える方が合理的であると思えてくる。一本の補助線を引くことにより難しい幾何の問題が解けることがあるように、九州王朝という補助線を引くことにより、これまでうまく説明できなかったことがすっきりと説明できるようになる。古田氏の九州王朝説は歴史学者や歴史関係の学会からはほとんど無視されているようであるが、細かいところはともかく、その大筋は案外正鵠《せいこく》を得ているのではなかろうか。

参考文献

『新訂　魏志倭人伝　他三篇』石原道博編訳、岩波文庫、一九八五年
『新訂　旧唐書倭国日本伝　他二編』石原道博編訳、岩波文庫、一九八六年
『日本書紀（四）』坂本太郎・家永三郎・井上光貞・大野晋　校注、岩波文庫、一九九五年
『失われた九州王朝』古田武彦、朝日文庫、一九九三年
『古代史と日本書紀』山田宗睦、ニュートンプレス、一九九九年

聖徳太子はいなかったのか

かつて一万円札に聖徳太子の肖像が描かれていた時代があった。その頃の一万円は、今の福沢諭吉のそれとは比べものにならないほど価値があり、聖徳太子のありがたみが身にしみたものである。

さて、いきなり横道にそれてしまうのであるが、一万円札の肖像の元になった絵は、法隆寺で唐本御影《とうほんみえい》と呼ばれていたものである。ところが、東京大学史料編纂所長であった今枝愛真《あいしん》氏が一九八二年に、唐本御影の肖像は聖徳太子ではないという説を唱え、大きな話題になったことがあった。実際には無関係だったようだが、一万円札から聖徳太子が消えたのも、このことと関係があるのではないかと憶測する向きもあったようだ。

今でもそうなのかもしれないが、筆者の子供時代には聖徳太子は大変立派な偉い人だというこになっていて、教科書にも太子のさまざまな事績が記載されていた。これは、東京大学教授であった坂本太郎氏などの正統的な見解、すなわち、『日本書紀』（以下『書紀』）に書かれている聖徳太子に関する記事の多くは概ね信頼できるものであるという考え方に基づいたものであった。

聖徳太子は用明天皇（当時天皇号はなく大王であるが、便宜上天皇と表記）の皇子で、本名は厩戸《うまやど》王と言う。推古天皇の甥であり、皇太子・摂政として、蘇我馬子とともに内政・外交を行い、冠位十二階、憲法十七条を制定した。遣隋使を派遣し、大陸文化の導入に努めた。仏教に帰依して法隆寺、四天王寺を建立し、勝鬘《しょうまん》・維摩《ゆいま》・法華経の注釈書である『三経義疏《さんぎょうぎしょ》』を著した。このようなことが事実なら、聖徳太子はまれにみる偉大な政治家であり、思想家であり、聖人であると言えるだろう。後世に太子が伝説化されて、太子に対する信仰が強まり、超人的な活躍の話が膨らんでいったのもよくわかるわけである。

すでに、『書紀』の聖徳太子に関する記事の中にも、太子が厩の前で生まれたとか、成人になって一度に十人の訴えを聞き分けたとか、片岡山に遊行したときに飢えた人に会い聖人であると見破ったことなど、とうてい事実とは思えないような記事がたくさんあることはよく知られている。

その後、『上宮聖徳法王帝説』、『上宮聖徳太子伝補闕《ほけつ》記』、『聖徳太子伝暦《りゃく》』など太子に関する伝記が多数書かれたが、荒唐無稽な内容が多く、これらは太子信仰の産物とみなしてもよいであろう。ただし、このうち『上宮聖徳法王帝説』は古い伝承を含み、有用な史料であるとされている。

聖徳太子に関する研究が進み、太子の事績に疑問を持つ研究者が増えてきていた中で、一九九九年に歴史学者の大山誠一氏が『〈聖徳太子〉の誕生』という著作を上梓した。この中で大山氏は、王族としての厩戸王はいたが、聖人としての聖徳太子は実在の人物ではなく『書紀』の中で作られた人物なのだという論を展開し、大きな反響を呼ぶことになった。

そこでまず、太子の事績のうち特に有名で内容的にも重要と思われる憲法十七条と『三経義疏』について考察してみたい。

憲法十七条は、『書紀』では推古一二年（六〇四年）に太子が作ったものとされるが、憲法と言っても現在われわれが思うようなものではなく、儒教、仏教などの考えを取り入れた官人への訓戒、道徳律のようなものである。

長い間聖徳太子作と信じられてきたが、すでに江戸後期の考証家である狩谷棭斎《かりやえきさい》が、これは聖徳太子の作ではないと述べている。昭和に入り、津田左右吉は『書紀』などの史料批判をする中で、憲法十七条の用語が六〇四年のものにふさわしくなく、『書紀』や『続日本紀《しょくにほんぎ》』の文章と類似していることを指摘し、『書紀』の編者が聖徳太子の名を借りて官僚たちに訓戒を与えたものだとした。例えば第十二条に「国司国造」という言葉が出てくるが、国司の制度はこの時代には存在しないので、六〇四年の文章に出るはずがないということになる。納得できる話である。

次に、『三経義疏』について考察しよう。『書紀』には太子が『勝鬘経』、『法華経』の二経を講じたという記事があるが、『三経義疏』を編纂したとは書かれていない。それまで知られていなかった『三経義疏』なるものが突然世に出てきたのは天平一九年（七四七年）のことであり、行信《ぎょうしん》という僧が法隆寺に奉納したという。行信は他にも太子遺愛の品を多数寄進しているが、太子がいた斑鳩宮《いかるがのみや》は山背大兄王《やましろのおおえのおう》が襲われた時に焼失し、法隆寺も六七〇年に落雷で全焼している。そのような遺品があるはずがないと思うのが普通ではないだろうか。

『三経義疏』のうち特に『勝鬘経義疏』については、京都大学教授であった藤枝晃氏が、敦煌《とんこう》から出土した『勝鬘義疏本義』と言われるものと七割ほどが同文であり、同じ系統のものであることを報告しており、太子撰の『勝鬘経義疏』は、六世紀後半、中国北朝段階の成立であるとした。つまり、中国由来のものであることがほぼ確実になったのである。他の二書についても、『勝鬘経義疏』より年代が少し下がる可能性があるが同じく中国由来であり、とうてい太子の著作とは思われないとされる。

なお、『法華義疏』は聖徳太子自筆とされてきたものが明治初年に法隆寺から皇室に献上され、宮内庁に現存しているが、一つ興味深いことがある。それは巻頭に貼紙があり、「此是大委国上宮王私集非海彼本」と書かれているのである。「これは日本の上宮王の私集で、海の彼方のものではない」という意味であるが、紙の種類や書体などから、この貼紙は誰かが（行信だとする説あり。）聖徳太子作であることを示すために後から貼り付けたものであろうとされている。

以上のように、どうやら憲法十七条も『三経義疏』も聖徳太子が作ったものとは言えないようである。さらに、聖徳太子のもう一つの大きな事績とされる遣隋使派遣についても、太子が派遣したものとは思われないのであるが、このことについては「『隋書』倭国伝と『旧唐書』倭国日本伝からわかること」の項を参照していただきたい。

また、『書紀』以外の太子に関わる史料として、法隆寺系史料と言われるものがある。法隆寺金堂の釈迦三尊像及び薬師如来像の後背にある銘文や天寿国繡帳《てんじゅこくしゅうちょう》の銘文などである。

このうち、釈迦三尊像については飛鳥美術の最高傑作とされ、後背には一九六文字の銘文が刻印されている。しかし、福山敏男氏は、銘文の中に法興元三十一年という存在しない年号が入っていたり、当時まだ天皇という呼び方が成立していないのに天皇号の影響を受けたと思われる上宮法皇という用語が使われているなど疑問が多いとして、推古朝のものではないとした。(後背がもともとは釈迦三尊像のものではなかったのではないかという説もある。)

また、薬師如来像の銘文についても、天皇の用語、薬師仏信仰などから、推古朝のものとは考えにくいとされ、天寿国繡帳についても、金沢英之氏によりその成立年代は持統朝以降であるとされている。

このように、法隆寺系史料も聖徳太子の実在を証明するものとはならないようだ。

聖徳太子の主要な事績とされるものが実際にはことごとく太子が関わったものとは考えられず、また、太子について述べた史料とされてきたものも実はそうではないということであれば、大山氏が言うように、スーパースター、聖人としての聖徳太子は存在しなかったと言わざるを得ないだろう。一万円札から消えた聖徳太子は、歴史の表舞台からもいずれ消え去ってしまうのだろうか。日本の歴史あるいは日本人に最も影響を及ぼした人物を三人あげるとすれば、聖徳太子、弘法大師空海、織田信長の三人であろうと思っていた筆者としては、個人的には大変残念な気がするのであるが……。

さて、ではなぜ『書紀』は、このようなスーパースター聖徳太子を誕生させたのだろうか。当然その必要性があったからである。『書紀』は舎人《とねり》親王らの編集とされるが、当時の権力者である藤原不比等《ふひと》や長屋王の意向が反映されていることは間違いない。大山誠一氏は、不比等や長屋王が『書紀』編纂時に、日本が真に中国的な国家になるためには天皇が絶対的権威を持ち儒仏道三教の保護者として君臨しなければならないとして、モデルとしてありうべき中国的聖天子像を描き、過去にそのような人物がいたことにすればよいと考え、その結果聖徳太子を誕生させたのだとする。

また大山氏は、〈聖徳太子の時代の都があった飛鳥に行けば、考古学が示す遺跡は飛鳥寺も嶋宮も石舞台古墳も、重要な遺跡のほとんどが蘇我馬子のものである。とすれば、当時の倭王は馬子であったのではないか。そういう印象を、漠然とではあるが、心のどこかにひっそりと持つ人がいたのではないか。〉と述べ、微妙な言い方ではあるが、当時の大王が実際には馬子であった可能性について触れている。別のところでは、〈その時代、少なくとも実質的権力者は、蘇我馬子であった。私は、ある段階からは、彼は大王であったと考えている。〉

とも書いている。

蘇我氏が天皇だったのではないかということについては、早く作家の坂口安吾が、〈書紀成立の重大な理由の一ツが（中略）蘇我天皇の否定、蘇我天皇よりも現天皇の優位を系譜的に創作する必要に発していたと見てよかろう。〉として、「蘇我天皇」という言葉を用いているし、亀井勝一郎も〈政治の実権は言うまでもなく蘇我馬子の掌中にあった。その頃の天皇家とは蘇我家のことである。〉と書いている。作家や評論家、在野の歴史家などが自由な発想から正統的な歴史解釈と異なる説を打ち出すことは多いが、大山氏のような歴史学者が、蘇我氏が大王（天皇）であったことを認めたように書いているのは珍しく、興味深いことである。

『書紀』に、蘇我本宗家が打倒された六四五年の乙巳《いっし》の変（クーデター）の時、蘇我入鹿《いるか》が殺された翌日に父の蝦夷《えみし》が自邸にあった天皇記、国記を焼こうとしたという記事があるが、なぜ天皇記や国記が蘇我邸にあったのだろうか。蘇我氏こそが大王（天皇）であったということであれば、すんなりと理解できる。『書紀』は、蘇我氏が大王として数々の事業を行ったことを隠蔽するため、蘇我一族でもある厩戸王を聖徳太子に仕立て上げて太子の業績としたのではないだろうか。『書紀』は「大化の改新」（乙巳の変）こそが律令制国家の起点であるとして、その主役であった中大兄皇子と藤原鎌足を大きく評価する視点から書かれており、敵対者としての蘇我氏、特に蘇我入鹿が徹底的な悪役となっている。蘇我氏に関する『書紀』の記事については、このようなことを踏まえて批判的に考察する必要があるのではないかと思う。

なお、歴史家の古田武彦氏は、天皇家以前に九州に別の王朝があったとする独自の九州王朝説を唱えているが、釈迦三尊像銘文の上宮法皇は聖徳太子ではなく、九州王朝の王であった多利思北孤だとしている。『隋書』倭国伝から多利思北孤は仏教に帰依していたことがわかるので、仏教に帰依した天子という意味の法皇という用語が用いられているという。

また、法興元という年号については、江戸時代の鶴峯戊申《つるみねしげのぶ》の『襲国偽僣考《そのくにぎせんこう》』に出てくるいわゆる九州年号（通説では私年号とされ、鎌倉時代頃の僧侶が作成したものではないかとされる。）の中に、法興という年号が引用されていることを紹介している。

九州年号を記載した史料は『襲国偽僣考』以外にも多数あるが、古田氏はこれらを検討した結果、九州年号が氏の言う九州王朝で使われたものだとしている。この古田氏の説は鶴峯戊申の言う九州年号を合理的に説明できるものであり、検討に値するのではないかと思う。（このことについては、「九州年号の謎」の項を参照。）

参考文献

『日本書紀（四）』坂本太郎・家永三郎・井上光貞・大野晋　校注、岩波文庫、一九九五年
『聖徳太子』坂本太郎、吉川弘文館、一九七九年
『信仰の王権　聖徳太子』武田佐知子、中公新書、一九九三年
『〈聖徳太子〉の誕生』大山誠一、吉川弘文館、一九九九年
『聖徳太子集』（日本思想体系2）家永三郎・藤枝晃・早島鏡正・築島裕　校注、岩波書店、一九七五年
「法隆寺の金石文に関する二三の問題」福山敏男（『夢殿』一三、鵤故郷舎、一九三五年）
「天寿国繡帳銘の成立年代について」金沢英之（『國語と國文学』七八―一一、明治書院、二〇〇一年）
『聖徳太子と日本人』大山誠一、角川ソフィア文庫、二〇〇五年
『聖徳太子の真実』大山誠一編、平凡社ライブラリー、二〇一四年
『安吾新日本地理』坂口安吾、角川文庫、一九七四年
『飛鳥路』亀井勝一郎・他七名、人文書院、一九七〇年
『法隆寺の中の九州王朝』古田武彦、朝日文庫、一九八八年

聖徳太子は道後温泉に行ったのか

聖徳太子が道後温泉へ行ったのではないかという記録がある。卜部《うらべ》兼方が書いた『日本書紀』（以下『書紀』）の注釈書である『釈日本紀』に引かれた『伊予国風土記』逸文によれば、伊予道後温湯碑文というものがあり、太子が推古天皇四年（五九六年）に高麗（高句麗のこと）の僧慧慈、葛城の臣とともに伊予道後温泉に赴いた時に書かれた碑文であるという。『伊予国風土記』逸文によれば、温湯には歴代天皇や皇后の行幸が五度に及び、そのうち一回が聖徳太子によるものであったとされる。東京大学教授であった坂本太郎氏はその著書で、太子の道後温泉訪問を史実とみなしている。

碑文の内容は温泉の効を称えたものであるが、坂本氏によれば、それに託して国を治める為政者の心構えを打ち出しているという。その文頭には「法興六年十月、歳は丙辰にあり。我が法王大王、慧慈法師及び葛城の臣と夷与《いよ》の村に逍遙し、正に神井を観て世の妙験を歎じ、意を叙《の》べむと欲して、聊《いささ》か碑文一首を作る。……」とある。

しかし、いくつかの理由からこの碑文には疑義が提出されてきた。法興六年は干支から推古四年に相当するが、公式には法興という年号はない。法王大王という言い方についても不審があるとされ、正史である『書紀』にも太子の道後温泉行きのことが全く書かれていない。また、伊予道後温湯碑文も『伊予国風土記』逸文も現存していないこともあり、この碑文が推古四年に本当に書かれたのかどうか疑問がもたれてきたのである。

『書紀』には太子の生年の記載がなく、『上宮聖徳法王帝説』などによりその生年はおそらく敏達天皇三年（五七四年）であろうとされているが、そうすると推古四年には二二歳ということになる。いくら聖徳太子が優れた人であったとしても、二二歳の若年で法王大王と言われるほど仏教に精通していたのだろうか。（しかも、太子は大王ではなかった。）「聖徳太子はいなかったのか」の項で述べた通り、聖人、スーパースターとしての太子はいなかったと言わざるを得ないということであれば、太子が伊予に赴いたということにも疑義が生じる。では、『伊予国風土記』逸文にあったとされる法王大王の道後温泉訪問の記事はでたらめなのだろうか。この記事は平安時代までの聖徳太子関係の史料には一切登場せず、一三世紀後半の『釈日本紀』に初めて登場することから、聖徳太子信仰に関連した作り話である可能性は大いにある。しかし、もし聖徳太子とは全くの別人についての話だということであれば、『伊予国風土記』逸文の記事もそれなりに納得ができるということになるのである。聖徳太子ではないにしても、当時法王大王と呼ばれていた誰かが伊予道後温泉を訪問した可能性はあるのだろうか。

歴史家の古田武彦氏は、「聖徳太子はいなかったのか」の項でも触れたように、九州に天皇家とは別の王朝があったという説を唱えており、法興は九州王朝の年号だとしている。『隋書』倭国（原文では俀国）伝に出てくる多利思北孤は九州王朝の王であり、僧尼を派遣して仏法を学ばせていることから、仏法を信じた王者であったろうとする。であれば、法王大王という呼び方もふさわしいことになる。多利思北孤が本拠地の九州から近い道後温泉を訪問し、碑文を作らせた可能性を考えてもよいのではないか。そして、今は失われた『伊予国風土記』に伝承としてその内容が記録されていたため、『釈日本紀』がそれを引用したのではないかとも思われるのだが……。

参考文献

『風土記』小島瓔禮校注、角川文庫、一九七〇年
『聖徳太子』坂本太郎、吉川弘文館、一九七九年
『日本書紀（四）』坂本太郎・家永三郎・井上光貞・大野晋　校注、岩波文庫、一九九五年
『上宮聖徳法王帝説』東野治之校注、岩波文庫、二〇一三年
『新訂　魏志倭人伝　他三篇』石原道博編訳、岩波文庫、一九八五年
『法隆寺の中の九州王朝』古田武彦、朝日文庫、一九八八年

九州年号の謎

九州年号、そんな言葉は聞いたことがないという人がほとんどだろう。李氏朝鮮の最高の知識人であった申叔舟《しんしゆくしゆう》（一四一七〜七五）が、一四七一年に『海東諸国紀《かいとうしょこくき》』という歴史書を書いている。海東は朝鮮から見た言い方であり、日本列島を意味する。諸国とは日本国と琉球国をさす。

この『海東諸国紀』の継体天皇の項に、「十六年壬寅、始めて年号を建て善化と為す。五年丙午、正和と改元す。六年辛亥、発倒と改元す。」とある。われわれの通常の理解では、日本における年号は、孝徳天皇の元年（六四五年）に大化という年号が作られたのが最初だということになっており、それよりずっと古い継体一六年（五二二年）に始まったという『海東諸国紀』の記述には驚く。

『海東諸国紀』の孝徳天皇の項では、「元年は乙巳。命長を用う。三年丁未、常色と改元す。

（中略）六年壬子、白雉《はくち》と改元す。」となっており、命長、常色、白雉という年号が出てくるが、大化は出てこない。『海東諸国紀』は国王成宗《せいそう》の命により撰録されたものであり、申叔舟は当然根拠のある史料に基づいてこのような年号を収録したはずである。

実は、日本の史料にもこのような年号が多数登場している。中でも『二中歴《にちゅうれき》』は、鎌倉初期に成立した百科全書で文安年間（一四四四〜四九年）に現存の形態になったものとされるが、このような年号を収集した史料としては最も古いものとされている。その他にも、応永八年（一四〇一年）の『麗気記《れいきき》私抄』、元亀元年（一五七〇年）頃の『如是院年代記』、文政三年（一八二〇年）の鶴峯戊申《つるみねしげのぶ》による『襲国偽僣考《そのくにぎせんこう》』など多数の史料があることが知られている。また、各地の寺社などに、このような年号が記載された史料が数多く残っている。

鶴峯戊申は『襲国偽僣考』の中で、これらの年号を九州年号と言っており、継体天皇一六年に初めて善記という年号ができ、その後およそ一七七年続いて文武天皇期の大長で終わったとする。そして、これらの年号は南九州の熊襲が僣称したのだとしている。このような年号は『麗気記私抄』、『海東諸国紀』、『如是院年代記』、伊予道後温湯碑文（「聖徳太子は道後温泉に行ったのか」の項参照。）などにも出てくるが、九州年号の名は、『九州年号』と題した古写本によったものだという。鶴峯は諸書間で異同が多いとしているが、最初の年号とされるものにしても、善記（『襲国偽僭考』）と善化（『海東諸国紀』）とでは明らかに異なっている。このような差異が生じた原因として、元になった史料の系統の違いや、古文献にありがちな筆写の際の誤りなどが考えられる。

これらの年号は、一般に私年号あるいは逸年号と呼ばれている。私年号とは天皇家が定めた正式なものでない年号ということであり、逸年号とは天皇家が定めたものだが記録にないものということである。概ね鎌倉時代以降の史料に出てくることや、仏教に関係した年号が多く見られることから、今の通説では鎌倉時代以降に僧侶などが作ったものだとされている（『日本私年号の研究』）。また、私年号としてよく知られているものとして、一五世紀に関東公方《くぼう》の足利成氏《しげうじ》の勢力圏で使用されていた地域年号がある。

しかし、九州王朝説（天皇家以前に九州に王朝と言いうる権力があり、歴代中国と交通していたのはこの九州王朝であったが、のちに九州王朝の分流として誕生した天皇家の大和王朝に吸収されたとする。）を唱える古代史家の古田武彦氏は、『襲国偽僭考』などに出てくる年号は九州王朝の年号であったとする。

古田氏はこれらの年号が後世の偽作ではない理由をいくつかあげているが、最も重要なのは九州年号の各年号がしばしば二人の天皇の治世にまたがっていることだとする。例えば、

僧聴（五三六〜四一、宣化天皇元年〜欽明天皇二年）、賢接（五七〇〜七六、欽明天皇三一年〜敏達天皇五年）、命長（六四〇〜四七、舒明天皇一二年〜孝徳天皇三年＝大化三年）などである。

一つの年号はその時の天皇が亡くなれば終わり、新しい天皇とともに新年号が始まるのが通例であるのに、この年号の作者はそれを無視している。このような基本ルールも知らないような人物が、年号を大量に偽作することがありうるだろうかと古田氏は言う。特に、命長の真ん中に大化の改新（乙巳《いっし》のクーデター）があるが、大化という年号も忘れて一つの年号をまたがらせるような偽作者が本当にいたのだろうかとする。

また、僧聴という年号は当然仏教伝来以前に出現するはずがないと思われるが、僧聴元年は五三六年であり、仏教公伝の年とされる五三八年（『上宮聖徳法王帝説』など）あるいは五五二年（『日本書紀』）より早いのである。つまり偽作者（僧侶？）は仏教公伝の年を知らなかったことになる。確かに、普通に考えると、そのようなことはありえないのではないかと思う。偽年号を作るのであれば、むしろ仏教公伝の年などを十分に勘案し、疑われにくいように作るのではないだろうか。ということは、これらの年号は必ずしも偽作とは言えないのではないかという考え方につながるのである。

ただ、逆にそのようなことを全く考慮せず年号を偽作する者がいた可能性を、全面的に排除することはできないであろう。また、明らかに偽作と思われる年号が多数存在することも事実なのである。

古田氏は、九州王朝への仏教の伝来は近畿天皇家より早かったとしており、もしそれが正しいなら、仏教と関連深い年号がいわゆる仏教公伝よりも早く用いられているのも頷ける。さらに、古田氏は、九州年号が文武天皇の大宝元年（七〇一年）まで使われていることから、九州王朝は七〇一年までその命脈を保ったとしている。

『日本書紀』に続く正史である『続日本紀《しょくにほんぎ》』の聖武天皇神亀元年（七二四年）の記事に、天皇の詔《みことのり》として、「白鳳《はくほう》以来、朱雀《しゅじゃく》以前、年代玄遠にして尋問明め難し。」という文章が出てくる。これは、僧尼を登録した記録に本人の訴えと異なるところがたくさんあるため、その身分をどう取り扱ったらよいかという伺いに対する天皇の返事の中の文章である。「白鳳以来、朱雀以前のことは、はるかに昔のことなので、尋ね問うて明らかにすることは困難である。」という意味であるが、白鳳、朱雀という年号は正史にはないため、通説では白鳳は白雉《はくち》の、朱雀は朱鳥《しゅちょう》の間違いであるとされている。しかし、九州年号の中には白鳳も朱雀も存在する。正史に記録された聖武天皇の詔の中にこのような九州年号と思われる年号が用いられているということを、単なる間違いですませていいものだろうか。聖武天皇の時代になっても、九州王朝の年号であった白鳳、朱雀などを言う者がいたということが記録されたものと見てもよいのかもしれない。

古田氏の説は定説とあまりにも大きく異なっており、驚天動地とも言えるところがあるためか、歴史学者にはほとんど受け入れられていない。さらに、晩年に偽書とされている『東日流外三郡誌《つがるそとさんぐんし》』が真作であると主張したために、一部からはいわゆる「トンデモ学説」の人のように思われているようである。しかし、九州に天皇家に先行する王朝と言える国家があり、ある時点からは年号も持っていたとする、古田説の中心をなす部分については、納得できるところが多い学説ではないかと筆者などには思えるのだが……。

参考文献

『海東諸国紀』田中健夫訳注、岩波文庫、一九九一年
『日本私年号の研究』久保常晴、吉川弘文館、一九六七年
『失われた九州王朝』古田武彦、朝日文庫、一九九三年

『続日本紀1』直木孝次郎他訳注、平凡社東洋文庫、一九八六年

再建法隆寺の謎

法隆寺に行ったことがないという人は少ないのではないか。法隆寺は奈良県生駒郡斑鳩《いかるが》町にあり、西院伽藍は現存する世界最古の木造建築として知られている。金堂や五重塔をはじめとする国宝や重要文化財も多数あり、一九九三年にはユネスコの世界遺産に登録された。法隆寺は推古一五年（六〇七年）に聖徳太子によって創建されたとされる。法隆寺には西院伽藍と東院伽藍とがあり、西院伽藍には金堂、五重塔、中門、大講堂などが、東院伽藍には夢殿などがある。飛鳥様式の西院伽藍は、創建時のものか一度焼失した後に再建されたものかについて、明治以降論争が続いた。

『日本書紀』（以下『書紀』）の天智九年（六七〇年）に、「夏四月の癸卯の朔壬申に、夜半之後に、法隆寺に災《ひつ》けり。一屋も余ること無し。大雨ふり雷震《いかづちな》る。」という記事がある。普通に考えると、これは法隆寺が全焼したということだろうと思われる。ところが、天平一九年（七四七年）

に作成された「法隆寺伽藍縁起并流記資財帳《えんぎならびにるきしざいちょう》」には、和銅四年（七一一年）に五重塔の塑像群や中門の仁王像を造ったという記載があるが、火災のことは全く書かれておらず、以後の史料にも火災があったという記事はない。つまり、六七〇年に火災があったと書いているのは『書紀』だけなのである。

また、「七大寺年表」に、和銅元年（七〇八年）に太宰府の観世音寺と法隆寺を造ったという記事があることが知られている。

非再建説は主に関野貞《ただし》、足立康《こう》らの建築学者が提起した。関野は、建築に用いる尺（ものさし）について、法隆寺を奈良時代の唐尺《から》で測ると寸法が合わず、法隆寺は唐尺の一・二倍の長さで唐尺より古い高麗尺《こま》（実物は発見されておらず、仮想のもの）を使っているとし、法隆寺は七世紀前半に建てられたとして『書紀』の記述が間違っていると主張した。建築家である彼らの目には、法隆寺は飛鳥時代の古い様式を過剰に残しているように見えたのである。一方、喜田貞吉《きたさだきち》らの文献史家は正史である『書紀』の記載を重要視し、当初の伽藍は六七〇年に焼亡、西院伽藍は七一一年頃に再建されたとする再建説を主張した。

昭和一四年（一九三九年）の考古学者石田茂作《もさく》による発掘により、西院伽藍の東南約一五〇メートルにある若草伽藍（創建時の法隆寺伽藍とされる）跡から、様式的に西院伽藍の瓦よりも古い焼けた瓦が出土した。法隆寺は一度焼失したことが明らかになり、再建説が正しかったということになったのである。

しかし、法隆寺には金堂の釈迦三尊像をはじめ、明らかに飛鳥文化を示す建物や仏像が多数存在することは事実であり、内心再建説に納得できない思いを持っていた人も多かったと思われる。

昭和五〇年代に入って新しい説が登場した。六七〇年の焼失を皇極二年(六四三年)に遡らせてはどうかという説である。六四三年は蘇我入鹿が斑鳩宮に山背大兄王一族を焼き討ちした年であり、今の東院付近の地下には、昭和一四年の発掘で斑鳩宮とみられる邸宅跡が発見されていたが、この調査で発見された古瓦(六四三年以前)と西院の瓦を比べるとほとんど年代差がないという意見が、考古学者から出てきたのである。

この見方が正しければ、『書紀』に書かれているだけの六七〇年焼失説は揺らぐことになる。しかし、焼失がどちらの年であったのかについての確定的な証拠はまだないと言わざるを得ないだろう。

このような中で、奈良国立文化財研究所が平成一三年(二〇〇一年)に、年輪年代法による測定を行った結果、五重塔の心柱（中心を貫く柱）に五九四年に伐採されたヒノキが使われていたことがわかったと発表した。ただ、この事実から直ちに、この年あるいはその数年後に五重塔が創建されたということにはならない。木材が伐採の後、長い間保管されていたということも一応考えられるし、また、木造建築は基本的に移築が可能であるので、他の寺院など別の建物の木材が転用された可能性がある。

平成一五年（二〇〇三年）には、五重塔に六二四〜六六三年の木材が使用されていることがわかり、また、平成二〇年（二〇〇八年）には、金堂の「中の間」の天蓋の天井板部分に六〇六年頃伐採された木材が一部使われていることがわかった。

これらのデータから総合的に判断すると、現法隆寺の建立にあたって、別の建物の建材がかなり転用されているのはほぼ間違いないと言える。伐採した木材を何十年、あるいは百年以上も未使用のまま置いておき、法隆寺建立のために使ったというのは、どう考えても無理がある。歴史家の倉西裕子氏も、法隆寺は焼失後奈良時代の和銅年間に、飛鳥時代に建立されていた他寺の堂塔を移築、もしくはその建築用材を転用して、現在地に再建されたのが現在の西院伽藍であろうと述べている。では、これらの建材はどこのどの建物から転用されたのだろうか。

その候補としては、常識的にはまず聖徳太子ゆかりとされる法輪寺や橘寺などがあげられよう。ただ、金堂が法輪寺から移築されたのではないかという説などについても、確固とした論拠には乏しいようだ。

また、西院の大講堂は延長三年（九二五年）に焼失し、正暦元年（九九〇年）に再建されたことがわかっているが、喜田貞吉はこの再建時に京都山城の普明寺の建物を移築したのだと言っている。つまり、今の講堂は元は京都にあったものだというのだが、これは六七〇年の法隆寺焼失後の再建より後の話である。

古代史家の古田武彦氏は、法隆寺の釈迦三尊像の光背銘文を詳細に分析し、この三尊像は通説のような聖徳太子と関係のある像ではなく、もともと九州王朝下の中枢の地にあったもので、火災による旧本尊の焼失後に法隆寺にもたらされたものだとした。

建築家の米田良三氏は、この古田氏の九州王朝説を踏まえた上で、法隆寺の昭和修理に係わった浅野清氏の工事報告書などを子細に検討し、法隆寺の金堂、五重塔、中門、回廊などは、実は太宰府の観世音寺から移築されたのだという説を唱えた。大変興味深い説であると思うが、もう少し具体的な検証が必要と思われるところがたくさんあるようだ。

法隆寺には謎が多い。かつて梅原猛氏は『隠された十字架』で、法隆寺は子孫を滅ぼされた聖徳太子を鎮魂するために加害者たちにより建てられた寺ではないかという論を展開した。この説は人口に膾炙《かいしゃ》したが、歴史の専門家からは一般的な怨霊信仰の成立は奈良時代末期からであるとして、ほとんど評価されなかった。

しかし、この説を科学的でないとして切り捨ててしまうことは、当時の時代というものを理解していないということになるのではないか。当時すでに怨霊信仰というものがはっきりとあったかどうかはともかく、今の科学技術とは全く無縁の時代であり、人々が祟りのようなものを恐れていたのは確かであろう。梅原氏は初めてそのような見方からの法隆寺論を展開したわけである。

初代法隆寺（斑鳩寺）がいつ焼失し、再建された法隆寺が実際にはどのような経過で再建されたのか、まだまだわかっていないことは多い。法隆寺が六七〇年に全焼したのであれば、建物だけでなく仏像なども当然焼失したと考えるべきである。であれば、金堂の釈迦三尊像だけでなく、飛鳥様式の百済《くだら》観音、救世《ぐぜ》観音などのすばらしい仏像もすべてどこかの寺院から来たものだということになる。九州王朝説に立てば、それらは観世音寺もしくは九州島内の他の有力な寺院から来た可能性が高いということになるのであろう。九州王朝がたそがれを迎え、近畿天皇家に併合される過程（古田氏の説では九州王朝は七〇一年に最終的に滅亡）での一種の略奪のようなものと見てよいのだろうか。これらのことについて、当時の権力者である藤原不比等がどの程度関与していたのだろうか。

また、「七大寺年表」の七〇八年に観世音寺と法隆寺を造ったということが事実なら、この時点での観世音寺と法隆寺との関係をどう理解すればよいのか。建材や仏像を法隆寺の再建用に取られてしまった観世音寺が、その償いの意味で法隆寺と同時期に再建されたということになるのか。謎は尽きないように思う。今後、各方面からの研究の進展に期待したい。

参考文献

『日本書紀（五）』坂本太郎・家永三郎・井上光貞・大野晋　校注、岩波文庫、一九九五年
『週刊　仏教新発見01　法隆寺』朝日新聞社、二〇〇七年
『奈良の寺』奈良文化財研究所編、岩波新書、二〇〇三年
『救世観音像　封印の謎』倉西裕子、白水社、二〇〇七年
『法隆寺の中の九州王朝』古田武彦、朝日文庫、一九八八年

『法隆寺は移築された』米田良三、新泉社、一九九一年
『隠された十字架』梅原猛、新潮社、一九七二年

『日本書紀』という巨大で魅力的な歴史書について

日本の古代史を考える上で、最も基礎になる史料は『日本書紀』（以下『書紀』）だと言っても過言ではないだろう。『古事記』は現在の厳密な歴史学の概念から言えば歴史書とは言いにくい面があり、情報量にも乏しい。反面、文学性に富んだところがあり、東京大学教授であった井上光貞氏は、〈古事記は一種の文学作品である〉と言っている。『風土記』も地域史として重要な史料ではあるが、もちろん中心的な史料にはなり得ないことは言うまでもない。その他にも『古語拾遺』、『扶桑略記』、『上宮聖徳法王帝説』などさまざまな史料があるが、補完的な存在に過ぎないと言えよう。先進国であった中国や朝鮮の史料も、国内史料にない部分を補うもの、あるいは国内史料の解釈に役立つものとして、忘れてはならない。

『書紀』は「六国史《りっこくし》」の最初のものとして、元正《げんしょう》天皇の養老四年（七二〇年）五月二一日に完成した。和銅五年（七一二年）に成立したとされる『古事記』より八年後ということになる。『古事記』の完成後、それが不満足なものであったために、中国の史書に類似したものを作ろうとしたとの見方もできるが、この膨大な史書を作るための編纂期間としてはあまりにも短すぎる。このようなことから、天武一〇年（六八一年）三月に天皇が川島皇子らに命じて帝紀及び上古の諸事を記し定めさせたという記事が『書紀』編纂の始まりであると見た方がよいと思われる。

『書紀』に続く二番目の正史が『続日本紀《しょくにほんぎ》』であることから、『書紀』は本来『日本紀』と呼ばれていたのであろう。しかし、現在の古写本はすべて『日本書紀』になっている。なぜそうなのかについて古来さまざまな説があるが、決着はついていない。

『書紀』は全三〇巻であり、神代から持統天皇までを取り上げた正史である。他に系図一巻があったが伝わっていない。神代紀（巻一〜二）には、本文以外に一書と呼ばれる別バージョンの史料からの引用箇所が全部で五八もある。神代紀は一一の段に分けられているが、このうち第四段には一〇の、第五段には一一もの一書が登場する。

『書紀』の編纂は、天武天皇の第三皇子の舎人《とねり》親王が主宰したとされるが、大山誠一氏も指摘しているように、実質的責任者は時の権力者である藤原不比《ふひ》等《と》であったと言ってよいであろう。執筆等の実務は、紀清人《きのきよひと》をはじめとする多くの人物によって行われたと思われる。その中には渡来人も多数含まれていただろう。
森博達《ひろみち》氏は、『書紀』に出てくる歌謡と訓注の表記を厳密な方法で分析し、その表記がβ群（巻一〜一三、二二〜二三、二八〜二九）、α群（巻一四〜二一、二四〜二七）及び巻三〇の三群に分かれることを見いだした。β群では歌謡と訓注の万葉仮名が倭音で表記されているが、α群の仮名は中国原音（唐代北方音）によって表記されており、渡来中国人（続守言《しょくしゅげん》、薩弘恪《さっこうかく》ら）が書いたものだとした（巻三〇は判別不能）。どのような形で『書紀』が撰述されたかその一端を明らかにした点で、画期的な業績だと言えよう。

『書紀』は大和朝廷の正史であり、政府が作成したものであるので、天皇家が権力を掌握したことの正当性を大義名分論の立場から一貫して主張している史書である。特に、実質的責任者の藤原不比等が編纂に強い影響を及ぼしていると思われ、いわば藤原氏によるフィルターがかかっていると見てよい。例えば、国譲りや神武東征時に建御雷神《たけみかづちのかみ》や経津主神《ふつぬしのかみ》という藤原氏系の神の活躍が目立つことや、蘇我氏、特に蘇我入鹿が徹底した悪役になっていることなどがあげられよう。造作や文飾も多いとされており、『書紀』を読むときには、常にこれらのことを頭の片隅に置いておく必要がある。

『書紀』の本文の文章には漢籍からの文飾が非常に多い。中国の史書の文章を長文引用して、適宜修正して用いるという手法が多用されている。先進国である中国の歴史書に負けないものを作らなければならないという、気負いの現れでもあろう。このことについては、編纂者がこれらの漢籍に精通していて、必要に応じて適当な文章を引用したと考えられてきたが、小島憲之氏により、全部ではないが『藝文類聚《げいもんるいじゅう》』のような類書（物事を事項別に分類・編集し、それに関連する詩文などをまとめた書物。「百科事典」のようなものであり、使い方で見れば「虎の巻」、「あんちょこ」のようなものと言える。）を利用していたということがわかった。

ただし、史実そのものを借用しているのは、山田英雄氏も言うように『魏志』と『晋起居注《ききょちゅう》』（起居注とは中国で天子の言行を記録したもの）のみである。どちらも倭の女王の朝貢に関する記事であり、巻九（神功《じんぐう》紀）にだけ出てくる。このことから、『書紀』は邪馬臺（壹）国の卑弥呼を神功皇后と考えていたことがわかる。言葉を変えれば、『魏志』により女王卑弥呼の存在を知っていたために、神功皇后の名に尊の字を用いて「気長足姫尊《おきながたらしひめのみこと》」と表記し、天皇と同格に扱い、摂政として独立した一巻をあてて卑弥呼になぞらえたということかもしれない（注1）。なお、『晋起居注』の記事は、実際には卑弥呼ではなく壹与の朝貢記事である。

また、神功紀から欽明紀までの間には、『百済記』、『百済新撰』、『百済本記』などの百済系の史料が多用されている。一例をあげると、継体天皇二五年（五三一年）二月の天皇崩御についての記事がある。

そこには、〈天皇崩御の年について、或本（おそらく日本側の資料）には継体二八年に崩じたとあるが、『百済本記』には継体二五年に「日本の天皇及び太子・皇子倶《とも》に崩薨《かむさ》りましぬ」とあるので、『百済本記』の方を採用して、継体二五年に崩じたことにした。後に諸本を照合して調べる人が正しく知ることになるだろう。〉と書いてある（注2）。『百済本記』はそこまで『書紀』の編者に信頼されていたのである。

百済系史料に限らないが、『書紀』は『古事記』に比べ諸説を併記する傾向があり、妙に生真面目なところがある。

『書紀』には神代巻（巻一～二）を除き、年月日及び干支が記されている。もちろん最初から日本に暦があったわけではなく、中国の暦を元にして作成したものを遡って適用したものであるので、年月日の記述には造作が多い。持統四年（六九〇年）に勅により初めて元嘉暦《げんかれき》と儀鳳暦《ぎほうれき》という暦を用いたという記事があるが、元嘉暦の方が古く、儀鳳暦の方が新しい暦である。戦前に東京天文台にいた小川清彦氏は、神武紀から五世紀までの年月日が儀鳳暦、安康紀以降が元嘉暦により計算されたものであると指摘した。つまり、『書紀』の古い部分は新しい暦、新しい部分は古い暦で年月日が定められているという、興味ある事実が明らかになったのである。しかし、このことから直ちに、古い部分が後に、新しい部分が先に作られたとまでは言い切れないようだ。例えば、各巻の内容が完成した後、二人の暦博士（一人は元嘉暦、もう一人は儀鳳暦が専門）がそれぞれの担当巻につき年月日を定めたという可能性なども考えられるからである。

『書紀』の注釈書、研究書は古来たくさんあるが、古い時代の注釈書として最も代表的なものは、鎌倉時代に卜部《うらべ》兼方が著した『釈日本紀』であろう。これは平安時代から鎌倉初期までの『書紀』解釈の集大成的なものである。江戸時代には研究が本格化し、河村秀根《ひでね》の『書紀集解《しっかい》』などさまざまな注釈書が出ている。

大正から昭和にかけて、津田左右吉は記紀の文献学的考証を行い、神代巻の説話が皇室による日本統治を正当化するために六世紀頃作られたものであるとするなど、徹底した批判的研究を行った。津田の業績は戦後の古代史研究の出発点となった。

戦後の研究としては先の小島憲之氏や森博達氏のものが注目されるが、その他に梅沢伊勢三氏の研究も興味深い。梅沢氏は、記紀の文章を徹底的に比較考察した文献批判により、『古事記』と『書紀』は関係を持っているが、少なくとも『書紀』神代巻にはどこにも『古事記』は引用されておらず、『書紀』は『古事記』を無視しているとした。本居宣長以来の『書紀』は『古事記』を元にして書かれたという説は、否定されたのである。

東京大学教授であった坂本太郎氏は、梅沢氏の説を「著者の樹立した紀前記後」と述べたが、結論の紀前記後そのものには反対した。（梅沢氏自身は、『書紀』の方が早くできたという意味ではなく、自説の真の意味は、『書紀』の使用した原史料の中に『古事記』以前に遡るものが多いということだとしている。）

一方で坂本氏は、『書紀』が最も内容的に深い関係にある『古事記』について何も語らずその名を示していないのは、普通の状態とは考えられないとしている。坂本氏は、記紀の間に何か正常でない関係があるのではないかということを認めているわけである。

『続日本紀』には『古事記』完成の記事はどこにも出てこない。『古事記』が和銅五年にできたという根拠はその序文によっているのだが、序文が後世に偽作されたものではないかという説が古くからあり、もし偽作説が正しければ、梅沢氏の説が文字通りの「紀前記後説」として俄然注目されてくることになる。（『古事記』自体が実は平安時代に成立したものだという説もある。）

なお、天皇家以前に九州に王朝と言える国家があったとする九州王朝説を唱える古田武彦氏は、雄略紀二一年に出てくる『日本旧記』が九州王朝の史書であるとし、『書紀』は『日本旧記』の記事を随所に盗用しているとしている（『古事記』にはない景行天皇の九州遠征記事など）。

また、山田宗睦氏は『書紀』は三部で構成されていると述べている。第一部は巻一〜一〇（神代〜応神天皇）であり、九州の倭国史を日本国史に書き換えながら、律令天皇家の淵源の古さを示したものだとする。第三部は継体天皇以降であり、部分的に造作・文飾はあるが、固有の史実が記録されているとする。第二部は第一部と第三部をつなぐもので、中国の革命思想に基づいて作られたものであるとし、聖帝である仁徳天皇に始まり暴君の武烈天皇で終わる。筆者は、この山田氏の説は大筋で納得できるところが多いと思っている。（古田氏や安本美典氏は古代史に関してそれぞれ独自の興味深い説を唱えているが、歴代の天皇の系譜を基本的にはそのまま認めており、その点には問題があるのではないかと思う。）

多くの先人の努力によりかなりの部分が解明されてきたとはいえ、日本の古代史にはまだ多くの謎が残されたままである。『書紀』という巨大で魅力的な史料を、国内外の他の史料を参照しながら徹底的かつ批判的に読み込んでいくことにより、古代史の真実が少しでも多く明らかになっていくことを願う。

なお、現在、『書紀』のテキストとして最も信頼でき手軽に利用できるのは、日本古典文学大系本の『日本書紀』上下二巻（岩波書店）である。坂本太郎氏や井上光貞氏をはじめ、多くの研究者による水準の高い注釈書になっており、戦後の研究成果を十分に取り入れたものである。今は同じ内容のものを岩波文庫（全五冊）で読むことができ、より便利になっている。

（注1）

『古事記』では「息長帯比売命」となっている。なお、『常陸国風土記』に「息長帯比売天皇」、『摂津国風土記』逸文に「息長足比売天皇」という呼び方が出てくる。

（注2）

このことについては、継体天皇と同時に太子（安閑、宣化、欽明）が亡くなったという事実はないので、継体崩御の年は継体二八年という日本側の資料の方が正しいことになる。古田武彦氏は、三年のずれについて、二五年は二八年に繰り下がるので、二五年には二二年が繰り下がることになり、継体二二年には筑紫の君磐井《いわい》が斬られているので、『百済本記』の言う「日本の天皇及び太子・皇子」は磐井とその息子たちだとした。つまり、磐井は九州王朝の王であり天皇と称していたということになる。古田氏のこの説は、筆者には三年のずれをうまく説明できる合理的な見解であるように思われる。

別に、この三年のずれを説明する代表的な説として、林屋辰三郎氏の説がある。これは、喜田貞吉の説を発展させたもので、継体の死後、全国的な内乱により安閑・宣化の王朝と欽明朝が並立した時期があるとし、『百済本記』に薨《こう》じたと誤伝された太子とは安閑であったとする。『百済本記』が誤伝したという説である。

参考文献

『日本書紀（一）～（五）』坂本太郎・家永三郎・井上光貞・大野晋 校注、岩波文庫、一九九四～九五年
『〈聖徳太子〉の誕生』大山誠一、吉川弘文館、一九九九年
『日本書紀の謎を解く』森 博達、中公新書、一九九九年
『上代日本文学と中国文学（上）』小島憲之、塙書房、一九六二年

『日本書紀の世界』山田英雄、講談社学術文庫、二〇一四年
『記紀批判　古事記及び日本書紀の成立に関する研究』梅沢伊勢三、創元社、一九六二年
『日本古代史の基礎的研究　上（文献篇）』坂本太郎、東京大学出版会、一九六四年
『失われた九州王朝』古田武彦、朝日文庫、一九九三年
『日本書紀（上、中、下）』山田宗睦、教育社新書、一九九二年
『古代史と日本書紀』山田宗睦、ニュートンプレス、一九九九年
『神武東遷』安本美典、中公新書、一九六八年
『古代國家の解體』林屋辰三郎、東京大学出版会、一九五五年

日本史上最高の高さの木造建築は何か

現在の日本で最高の高さの建造物が、高さ六三四メートルの東京スカイツリーであることはよく知られている。では、木造の建造物で最高の高さのものは何だろうか。それは、東寺（教王護国寺）の五重塔であり、高さは五四・八メートルである。これまでに雷火や不審火で四回焼失しており、今の塔は寛永二一年（一六四四年）に徳川家光の寄進で再建された五代目の塔になる。また、過去にはこの東寺五重塔より高い木造の建造物が多数あったことが知られており、有名なところでは、平安時代後期に京都・岡崎の地に白河上皇が建立した法勝寺《ほっしょうじ》の塔があげられよう。この塔は八角九重の塔で、高さは八一メートルであったという。

日本には縄文時代から、巨木を利用した高い建造物を作る文化があった。新青森駅近くの三内丸山《さんないまるやま》遺跡（縄文時代前期～中期）や佐賀県の吉野ヶ里遺跡（弥生時代）には、神殿や物見櫓《やぐら》ではないかと思われる高層建築があったようであり、現地へ行けば復元された建物を見ることができる。本格的に大規模な高層建築が建てられるようになったのは、飛鳥時代に大陸から仏教建築が入ってきてからであり、法隆寺などをはじめとした大伽藍が多数作られるとともに、神社建築にも大きな影響を及ぼした。

藤原京の時代には、法興寺、弘福寺《ぐふくじ》、大官大寺、薬師寺の四寺が朝廷から重要視された。このうち大官大寺には高さ約九〇メートルの九重の塔があったというが、和銅四年（七一一年）に火災により全焼してしまった（『扶桑略記』）。また、元興寺《がんごうじ》（法興寺の後身）の五重塔は八世紀半ば頃の建立とされるが、その高さは約七三メートルであったという。両塔ともに今の東寺五重塔よりはるかに高かったわけである。

東大寺の大仏殿は江戸時代の宝永六年（一七〇九年）に再建されたもので、棟までの高さは四九・一メートルである。東大寺にはかつて、天平勝宝五年（七五三年）に建立された東塔と西塔という二つの七重の塔があり、相輪《そうりん》まで含めた高さは東塔が約九七メートル、西塔が約九九メートルだったという（『東大寺要録巻二』中の「大仏殿碑文」）。実に高さ一〇〇メートル近い巨塔であったことになる。しかし、西塔は承平四年（九三四年）に雷火で焼失し、東塔は治承四年（一一八〇年）平重衡《しげひら》の焼き討ちにより焼失、嘉禄三年（一二二七年）に再建されたが、康安二年（一三六二年）に雷火で再び焼失した。今では東西両塔の土壇がひっそりと残っているだけである。

高さということであれば、神社では何と言っても出雲大社であろう。出雲大社の創建がいつであったかは不明であるが、現在の本殿の高さが八丈（二四メートル）であるのに対し、中古には一六丈（四八メートル）、上古には三二丈（九六メートル）あったという。平成一二年の境内からの巨大な柱の発掘により、三二丈はともかく一六丈の高さの本殿があったのはほぼ確かになった。それ以前のことははっきりとはわからないが、縄文時代以来の巨木利用の文化の伝統を考えると、過去に三二丈の本殿があった可能性もあながち否定しきれないのではないかとも思う。（ただし、もしそれほどの高さの本殿があったとすれば、地震などに強いとされている寺院の多重塔とは構造が異なるため、常に倒壊の危機にさらされていただろう。）

上古という言葉はやや曖昧で、いつ頃の時代を意味するかについては幅があるが、想像をたくましくして言えば、高さ一〇〇メートル近い建造物が東大寺と出雲大社に合計三つ屹立していた時代があったかもしれない。単なる妄想に過ぎないと言われればその通りかもしれないが、筆者などは、そのように想像するだけでわくわくしてくるのである。（出雲大社については、「古代出雲王朝と出雲大社」の項を参照。）

平安時代から鎌倉初期にかけて、先に述べたように白河上皇による法勝寺の九重の塔が八一メートルの高さを誇っていた時代があった。この塔は永保三年（一〇八三年）に建立され、京に東側から入る時にはよく目立ち、ランドマークのような存在であったらしい。承元二年（一二〇八年）に落雷で消失し、栄西が大勧進になって再建されたが、この塔も康永元年（一三四二年）に火災により失われてしまった。早島大祐《だいすけ》氏によれば、『太平記』では、法勝寺の塔の焼亡が、これまで朝廷が担ってきた天下の消失を象徴するものとして語られているという。

室町時代に入り、三代将軍足利義満は永徳二年（一三八二年）に相国寺《しょうこくじ》を創建したが、応永六年（一三九九年）には境内に六角七重の大塔を建立した。この塔は高さが三六〇尺（一〇九メートル）もあったという。このことは、相国寺の景徐周麟《けいじょしゅうりん》という禅僧が記した『翰林葫蘆集《かんりんころしゅう》』という詩文集に書かれている。文献資料から見る限り、どうやらこの塔こそが日本史上最高の高さだったようであり、まさに義満の圧倒的な権力と権威を見せつけるものであった。この塔は、法勝寺の塔に代わる新しい天下を象徴するものであったとも言えよう。

しかし、この塔は竣工四年後の応永一〇年に早くも雷火により焼失してしまった。義満は即座に塔の再建を決意し、北山殿（今の金閣寺）の地で再び造立を進めたが、この北山大塔も義満の死後応永二三年正月九日に落雷により焼けてしまった。四代将軍義持により再び相国寺に再建されたが、この塔も文明二年（一四七〇年）に雷火のため焼失し、その後は再建されることはなかった。今では、同志社女子大学付近に残っている塔之段という地名に昔を偲ぶことができるだけである。高さが一〇九メートルあったのは初代の塔であるが、二代目、三代目の塔も今の東寺の塔よりかなり高かったようだ（注）。

京都とその周辺を描いた洛中洛外図屏風と呼ばれる屏風があり、現在でも江戸時代のものを中心に一六〇ほどの作品が残っている。その中で一番古いものとされている「歴博甲本」（一五二五年頃の制作、国立歴史民俗博物館蔵）という作品があるが、この屏風の左隻の景観は消失前の三代目相国寺大塔から見た原図を元にしているのではないかという、石田尚豊氏の説がある。なかなか興味深い説であると思うが、詳しくは拙著『洛中洛外図の世界』を参照していただきたい。

一般に木造の建造物は火災に弱いが、特に塔のような高層建築は落雷に弱く、建立された当初のままに残っているものは少ない。また、出雲大社本殿などは、地震も風もないのに何度も倒壊しているという。昔の出雲大社本殿や、東大寺の両塔、相国寺の大塔などが今も残っていればと思うと大変残念な気がするのであるが、法隆寺や薬師寺東塔が今のような形で残っているだけでも奇跡的だと思わなければならないのだろう。将来の世代のために今残っている貴重な文化財をきちんと守っていくことは、私たちに課せられた重要な責務であると思う。

(注)
平成二七年に金閣寺の境内から、北山大塔の塔頂に付いていたとみられる相輪の破片が発掘された。相輪の推定復元から、北山大塔は相国寺の初代大塔に匹敵する大塔であった可能性があることがわかったという。

参考文献

『日本建築史序説　増補第2版』太田博太郎、彰国社、一九八九年
『奈良の寺』奈良文化財研究所編、岩波新書、二〇〇三年

「建物高さの歴史的変遷（その1）」大澤昭彦（『土地総合研究』第一六巻第二号、土地総合研究所、二〇〇八年）
『古代出雲　巨塔の謎』祖田浩一、中公文庫、二〇〇二年
『室町幕府論』早島大祐、講談社、二〇一〇年
『洛中洛外図の世界』井上知明、鳥影社、二〇一四年

一休は足利義満の孫か

数々の奇想小説をものした作家の山田風太郎氏が一九九二年四月に、「一休は足利義満の孫だ」という興味ある短文(『秀吉はいつ知ったか』に収載)を毎日新聞に寄せている。

室町中後期の禅僧である一休宗純《そうじゅん》が実は後小松天皇の落胤《らくいん》であるという説は昔から一休伝にあり、異論もあるようだが、『日本歴史大事典』(小学館)や『国史大辞典』(吉川弘文館)にも後小松天皇の皇子と書かれているので、まず確かなことだと思われる。一休が足利義満の孫だということは、すなわち後小松帝は義満の子だということになる。本当にそのような可能性があるのだろうか。

後小松天皇は南北朝時代の北朝第五代の後円融天皇(のちに上皇、後円融院)の皇子であり、母は上臈《じょうろう》三条嚴子《げんし》である。永徳三年(一三八三年)二月一日、前年末に出産を終えて嚴子が内裏に出仕したその日に、上皇は何を逆上したか刀背をもって嚴子を打ちすえた。臼井信義氏の『足利義満』には、〈上臈は去年々末に御産をされ、上皇からはその後帰参を促がされたが、その帰参が遅れたための御腹立であろうという。〉とある。嚴子の父公忠《きんただ》の記録によれば、三条邸に逃げ帰った嚴子は出血が止まらないほどの傷を負っていたという。この騒ぎの直後、嚴子の兄の三条実冬は花の御所の義満のもとへ、息せききって通報している。

山田氏はこのことについて、海音寺潮五郎氏の〈単に帰参が遅れたくらいで、人もあろうに上皇という高い身分にある方が、抜刀して棟打されるほどに激怒しての折檻はただごとではない。嚴子の兄実冬はなぜわざわざ義満のところへ行ってことの次第を説明しなければならなかったのであろう。三条嚴子は義満と姦通していたと断ぜざるを得ない。〉という見解（「悪人列伝・足利義満」）を引用している。

このすぐあとの二月一一日に、上皇の愛妾按察局《あぜちのつぼね》が急に出家して尼になるという事件が起こったが、これは彼女が義満に密通していると上皇に告げた者があり、激怒した上皇が内裏から追い出したというものである。このことから考えると、今谷明氏も言っているように、前の嚴子の件についても、義満との密通が疑われた結果であると推測されるのである。

義満は後円融院と母方のいとこにあたり、また、順徳天皇五代の後裔であった。このような生まれの上に、幼時から帝王教育を受けたため、天皇や公卿に対して全くコンプレックスがなく、さらに北朝を作ったのは自分たち足利だという意識もあり、山田氏の言い方によれば、宮廷の花々を手折るのに我が家の庭同然の傍若無人ぶりをほしいままにしていたということになる。

このときの天皇は七歳になる後小松帝だったのだが、海音寺氏はこの幼帝も義満の子であると断定している。それは、後年三条嚴子が亡くなったとき、それと入れ替わりに自分の妻康子を准母女院《じゅんぼにょいん》（皇太后のようなもの）の地位につけるなどの所業が、後小松帝が自分の子でなければとうてい実行できることではないというのである。さらに海音寺氏は、〈後小松が義満の子であるなら、義満がおのれを太上皇《だじょうこう》であると考え、公にも太上皇になろうと意図したのは最もありそうなことである。〉と述べている。（太上皇とは太上天皇のことであり、譲位後の天皇の尊称。転じて、天皇が天皇に即位することのなかった自分の父に贈る尊号のこと。）

山田氏も、義満が名実ともに日本国王になろうとしたのは、すでに子が天皇であるという事実が心理的な踏み台になっていたのではあるまいかと言っている。

海音寺氏や山田氏のような見解は、単に作家・小説家の過剰な想像力のたまものに過ぎないとの見方もあるだろうし、ＤＮＡ鑑定のような科学的な検査とは全く無縁の時代のことであり、真相はよくわからないというのが正直なところであろう。しかし、後円融院の常軌を逸した怒りなど状況証拠的なものは十分あるわけであり、義満が後小松帝の親である可能性は完全には否定しきれないのではないか。筆者も一休が義満の孫である可能性はあると思う。山田氏も書いているように、一休の破天荒ぶり、破戒僧とも見える天衣無縫の生涯は、天皇を父に持ち、希代の豪放大胆な政治家であった義満を祖父に持つというその出生と関係があるのではないかと思いたくもなるのである。

ただ、義満、後円融院、後小松帝それぞれの肖像画を比較してみると、後小松帝は義満よりも後円融院に似ているように思われる。有名な鹿苑寺《ろくおんじ》（金閣寺）蔵の義満像（重要文化財）はどちらかと言えば丸顔に描かれているが、後小松像（泉涌寺《せんにゅうじ》別院雲龍院蔵）は後円融像（雲龍院蔵、重要文化財）に似て細長い顔に描かれているのである。当時の肖像画がどの程度本人に似ているかは何とも言えないところがあるが、少なくとも特徴はある程度表されていると考えるべきであろう。そうすると義満が後小松帝の親である可能性は低くなり、したがって、一休が義満の孫である可能性も低くなってしまうのだが……。

参考文献

『秀吉はいつ知ったか』山田風太郎、ちくま文庫、二〇一五年
『足利義満』臼井信義、吉川弘文館、一九六〇年
『海音寺潮五郎全集　第一八巻　悪人列伝』海音寺潮五郎、朝日新聞社、一九七〇年
『室町の王権』今谷明、中公新書、一九九〇年

本能寺の変の真犯人は誰か

織田信長が最期を迎えることとなった本能寺の変は、日本史の中で最大級のミステリーと言っても過言ではないだろう。天正一〇年（一五八二年）六月二日払暁、京都・本能寺に宿泊していた信長を明智光秀が襲って自害させた事件は本能寺の変としてあまりにも有名であり、その後の日本の歴史を大きく変えることにもなった。

信長の忠実な家臣であった光秀がなぜ本能寺に信長を襲ったのかという理由については、古くからさまざまな説が唱えられてきた。以下に主なものを列記してみる。このうち①から③までは光秀単独犯説であり、④以下は光秀を動かした黒幕がいたのだという説である。（特に一九九〇年代以降、作家や在野の研究者のものを含め、本能寺の変に関してさまざまな立場からの本が出版されている。）

①怨恨説

信長の性格が暴虐・酷薄で、光秀に何かと辛くあたり、光秀が耐えかねて謀反を起こしたというもの。江戸時代以来の説で、人口に膾炙している。江戸時代には暴虐な信長像が定着していたようであり、本能寺の変は光秀が度重なる暴虐に耐えかねて引き起こしたものと考えられていた。

光秀が怨恨を持つようになった理由として最もよく知られているのは、徳川家康の接待を命じられた光秀が、生魚が悪臭を放っているなど饗宴の準備ができていないと信長に叱りつけられ、役目を罷免されたという話であろう。これは『川角《かわすみ》太閤記』という本に書かれている。

また、丹波八上城攻めのとき光秀は自分の母を人質にして開城させたが、信長が城主の波多野兄弟を殺したため母は城兵により殺され、光秀は信長を恨んだという。これは『総見記(織田軍記)』に書かれている。宣教師のルイス・フロイスの『日本史』には、変の直前に信長と光秀の間にいさかいがあり、信長が光秀を足蹴にしたという記事がある。さらに、『明智軍記』という本には、光秀が中国出陣にあたって未征服の出雲・石見《いわみ》への国替えの命を受け、所領の丹波・近江を取り上げられてしまったという記事がある。このようなことが続き、光秀は信長に深い恨みを抱くようになったのだというのである。

これらの資料のうち『川角太閤記』は、歴史資料としてはそれなりに信頼できるものとされているが、間違いも多く無批判で使用できる資料ではない。ちなみに、信長研究の基礎資料として比較的信頼できるものとされている『信長公記《しんちょうこうき》』には、光秀が家康に対して三日間にわたり大変すばらしいもてなしをしたと書かれている。また、『総見記』、『明智軍記』は本能寺の変から百年以上経って書かれた通俗的な本であり、歴史資料としては信頼できるものではない。このようなことを考えると、怨恨説の根拠とされている理由については、案外に信憑性に乏しいものが多いということになる。

②野望説

光秀は天下への野心を持っていたが、信長が僅かな供だけで京都に泊まったのを奇貨として謀反を起こしたとする。高柳光寿氏の説（『明智光秀』）である。高柳氏はそれまでの怨恨説の根拠がすべて史実とは思われないことを実証し、光秀もまた秀吉や家康と同様に天下を望んだのだとした。ただ、野望説だけで本能寺の変を説明できるかと言えば、十分ではないように思われる。國學院大學教授であった桑田忠親氏は、秀吉や家康のような大物でも、それぞれ信長の死、秀吉の死に直面してはじめて天下を意識したのであり、光秀程度の武将が信長生前より天下に望みをかけるはずがないと反論している。

③四国政策転換原因説

最近注目されている説である。①の怨恨説にやや近いところもあるように思うが、信長がそれまで提携してきた四国の長宗我部《ちょうそがべ》氏と手を切ったため、仲介役だった光秀が信長の仕打ちに強い危機感・恨みを持ち、謀反につながったとする。

特に、光秀の重臣の斎藤利三《としみつ》は長宗我部氏と姻戚関係にあり、明智家中の親長宗我部派であった。利三が六条河原で処刑されたとき、公家の山科言経《ときつね》は日記に「日向守内斎藤蔵助、今度謀叛随一也」と書いている。利三が四国のことを心配に思い、光秀を謀反に踏み切らせた可能性が大きいのである。

作家の桐野作人《さくじん》氏は初め朝廷黒幕説を唱えたが、後に、本能寺の変のきっかけになったのは、天正一〇年五月七日付けで信長が三男信孝に与えた朱印状ではないかと述べている。その内容は、信孝を讃岐《さぬき》国主に、三好康長を阿波国主にし、土佐と伊予の人事は信長が淡路出馬のとき指示するとしたものであり、それまで曲がりなりにも信長に従っていた長宗我部氏の既得権益を全面否定するものであった。利三を中心とする明智家中の親長宗我部派は憤激し、光秀も危機感を強め、信孝軍の四国渡海阻止のため信長を打倒するしかないと考えたのではないかという。①で述べたフロイス『日本史』の記事についても、桐野氏は四国政策をめぐるいさかいではなかったかと推測している。
四国政策転換原因説は、特に光秀単独犯説の場合の謀反の理由の説明として一定納得できるように思われる。

④朝廷黒幕説

朝廷内に形作られた「反信長神聖同盟」のようなものが、光秀を動かして謀反を起こさせたという説。作家の桐野作人氏が『信長謀殺の謎』などで唱えた。後に在野の研究者である立花京子氏も同様の説を立てたが、立花氏は正親町《おおぎまち》天皇の皇子の誠仁《さねひと》親王を企ての中心に置いている。桐野氏は後に朝廷黒幕説を撤回し、立花氏も⑦のイエズス会黒幕説に変わったため、現在はこの説を強く主張する人はいないようである。

谷口克広氏も言うように、朝廷黒幕説提唱の背後には、横浜市立大学教授であった今谷明氏の影響があったものと思われる。今谷氏は『戦国大名と天皇』、『信長と天皇』などの著書で、戦国時代には天皇の権威がかえって向上しており、信長の最大の敵は正親町天皇だったとの見解を唱えていたからである。

朝廷黒幕説の根拠の一つになっているのは、公家の勧修寺晴豊《かじゅうじはれとよ》の日記の脱漏部分とされる『天正十年夏記』の記事である。本能寺の変から五日後の六月七日、信長と親密な間柄であった近衛前久《さきひさ》は子息である信輔《のぶすけ》のもとへ出かけ、酒樽を進上し、そこに晴豊も加わり盃をもらっていた。一一日にも晴豊は東坊城《ひがしぼうじょう》家に出かけ、そこには半井通泉《なからいつうせん》（医師）や権中納言烏丸光宣《からすまるみつのぶ》が集まり、参加者は大酒を飲んでいた。これらの記事からは、立花氏も指摘するように、信長が亡くなったことに対する哀悼の気持ちなど微塵も感じられず、むしろそれを祝っているかのようにみえる。

また、六月六日に誠仁親王が吉田兼見に、安土城に入った光秀のところへ勅使として下向を命じ、兼見は七日に安土で光秀に面会している。これは、朝廷が迅速に光秀を天下人として認知したことになり、あまりにも手際が良すぎるのではないかという。九日には光秀が兼見宅を訪れ、お礼として天皇へ銀五百枚を進上している。

ただこれらのことは、朝廷が黒幕として光秀を動かしたという決定的な証拠にはなりにくいのではないか。東京工業大学教授の山室恭子氏が言うように、朝廷が勝者に常に尾を振る無節操な行動をする傾向があると考えれば、それなりに納得ができるのである。祝宴をしていたことについても、前年から激化した信長による官職や暦法問題について伝統的秩序の根本的改変を迫られていた朝廷としては、本能寺の変によりそのような危機から一気に解放されたわけであり、祝いたくもなるだろう。

また、三重大学教授の藤田達生《たつお》氏は朝廷の関与否定の根拠として、誠仁親王が変の当日、危険な（信長嫡男の信忠がいて本能寺とともに襲撃された）二条御所を動かなかったことをあげているが、その通りであると思う。当時の朝廷の実力から考えても、朝廷が信長打倒の計画を自ら主導することは不可能であったと思われる。

⑤足利義昭黒幕説

藤田達生氏の説。信長に追放され、毛利氏の庇護下で備後・鞆《とも》にいた将軍・足利義昭が中心になり、光秀に謀反を起こさせたとする（『謎とき本能寺の変』ほか）。光秀は長宗我部元親、上杉景勝、本願寺教如、雑賀《さいか》衆、あるいは筒井順慶などと連絡を取り、近衛前久や吉田兼見にも協力を頼んでいたとする。

また、義昭が発給した天正一〇年六月一三日付け小早川水軍の乃美宗勝宛の文書にある「信長討果上者」を「信長を討ち果たした上は」と読むべきであるとして、義昭が自ら命令を下して信長を倒したのだとしている。しかし、谷口克広氏は「打ち果て」あるいは「打ち果つる」と読むべきだとし、藤田氏の説を否定している。藤田氏の言う義昭の「鞆幕府」は一定の体制を備えていたように思われるが、谷口氏の言うように、義昭の将軍としての影響力は小さくなっていたと見た方がよく、義昭が中心になって光秀に信長を討たせたという説には無理があるように思われる。

はないか。

⑥秀吉黒幕説

本能寺の変により、結果的に一番利益を得たのが秀吉であることから生じた説であり、あまりにもできすぎている感がある中国大返しへの疑惑などによる。確かに、本能寺の変を予期していなければ秀吉の中国大返しがあれだけ迅速に行えるはずがないと思う人は多いのではないか。

作家の山田風太郎氏も、秀吉が本能寺の変の勃発を予期していたとしている（『秀吉はいつ知ったか』）。予期していたとは、秀吉が光秀を操って信長を襲撃させたということである。六月二日信長の死、三日秀吉これを知る、四日清水宗治切腹という手際があまりにもスムーズすぎるのではないか、という。

『川角太閤記』によれば、秀吉が第一報を入手したのが三日の夜亥の刻（午後一〇時頃）、秀吉は翌朝一〇時には宗治を切腹させている。そうすると交渉は夜のうちに行われたことになるが、漆黒の闇の中で羽柴、毛利、宗治の交渉が本当にできたのか。山田氏は、交渉は三日の昼間に行われたとしか思えないとする。秀吉は三日の昼のそれも早いうちに別ルートで情報を入手していたのだという。つまり、秀吉は本能寺の変の勃発を予期し、そのための早飛脚を、馬の用意を含め伝令式に配備していたという解釈ができるというのである。

さらに、光秀の毛利に対しての密書を携行した使者が秀吉の哨戒線に引っかかって捕えられたというが、軍略家として知られた光秀がこれほどの重大事を告げるのに一人の密使だけを送り出すとは思われず、秀吉が明智の密使を一人残らず捕捉するよう網を張っていたとみる方が自然だという。秀吉が織田家中の中でもとりわけ調略・情報戦に長《た》けていたことはよく知られており、恐らくその通りであろうと思われる。

山田氏は秀吉が光秀を操って信長を襲撃させたとするが、もちろん直接にということではなく、秀吉が信長にうまく取り入り四国政策の変更などに影響を及ぼして、結果的にじわりじわりと光秀を追いつめていったという意味であろう。足利義昭黒幕説をとる藤田達生氏も、おそらく秀吉は信長に巧みに働きかけたのであろうと述べている。そのように考えると、この秀吉黒幕説は十分考慮に値する説と言えるのではなかろうか。

⑦イエズス会黒幕説

立花京子氏が『信長と十字架』で唱えた、驚天動地とも言える説である。当時日本に進出していたイエズス会は信長に資金援助して全国制覇に向かわせたが、権力の拡大とともに増長し自己神格化を表明してイエズス会から離反した信長を見限り、朝廷に働きかけて光秀を動かして信長を殺したとする。

しかし、高橋裕史氏によれば（『ここまでわかった！　本能寺の変』）、当時の日本イエズス会は多岐にわたる諸問題の解決に迫られており、信長暗殺を計画して諸方面に働きかけ、表に出ないように暗殺を実行するような余裕（軍事力、経済力、政治力）はとうてい無かったとされる。イエズス会黒幕説にはかなりの無理があるように思う。

（高橋氏も述べているように、一部のイエズス会士がスペイン、ポルトガルから軍事力を導入して日本征服を本格的に議論し始めるのは、秀吉による宣教師追放令以後のことである。）

その他に本願寺教如関与説や、信長による対朝廷クーデター失敗説（毛利氏との戦いに不安を持った信長が対朝廷クーデターを計画して光秀を京都に呼んだが、光秀が裏をかいて謀反したとする。）などもある。

以上のそれぞれの説には一長一短があるように思うが、筆者は⑥の秀吉黒幕説にかなりの魅力を感じる。谷口克広氏は、秀吉の中国大返しを不可能と見て彼を疑うのは筋違いであるとしているが、それでもやはり疑惑は残るのではないか。

中国大返しについて考察してみよう。⑥で山田風太郎氏の説について述べたが、山田氏の言うように秀吉が六月三日の昼に情報を入手したというのではなく、『川角太閤記』の通り三日の夜に入手したとしよう。もしそうであったとしても、京都から備中高松までの約二三〇キロメートルを一日半余りで情報が伝わったことになる。当時の道路事情を考えると、これは驚異的な速さではないだろうか。山田氏だけでなく藤田達生氏なども言うように、予め変のあることを想定し屈強の使者に伝令させる準備を整えておかなければ、とうてい不可能であろう。

また、備中高松から姫路まで戻った秀吉が金奉行を呼びだして、金はどれほどあるかを確認しているが、城には金子八百余枚、銀子七百五十貫目、米八万五千石があり、高松から持ち帰ったものが金子四百六十枚、銀子十貫目であった。山田氏によれば、麾下の全軍をあげて出撃してから八十余日、ついには信長の救援を乞うほどの中国陣に、姫路城に残してあった金が多すぎるのではないかという。京都に向けての反転（当然多大な経費がかかる。）を想定して、蓄えていたのではないかということである。

⑥でも述べたように、四国政策の変更などに関して秀吉が巧みに信長に影響を及ぼした可能性は大きく、秀吉は光秀を追いつめて光秀が謀反を起こすのをてぐすね引いて待っていたのではないか。それも、謀反が起きる場所と時期の見当もつけた上で……。

秀吉が直接手を下したわけではないにしても、謀略によって結果的に光秀が謀反を起こさざるを得ないように仕向け、そして謀反が起きたならその情報をいち早く入手する態勢を整え、次の段階への準備をしていたということであれば、本能寺の変は秀吉が黒幕であったと十分言いうるのではなかろうか。

秀吉は本能寺の変後、御伽衆《おとぎ》として仕える大村由己《ゆうこ》に『惟任《これとう》謀反記（退治記）』（惟任とは光秀のこと）など自分の伝記を書かせているが、この中では光秀のみが信長殺しの極悪人として描かれている。秀吉はこれらの書物で自らの関与を隠蔽し、本能寺の変の真相を葬り去ったのである。そして、朝廷が変後に光秀に接近したことなどを不問に付して朝廷に貸しを作ることにより、やがては関白にまで登りつめていったということではないだろうか。

（秀吉が明智勢を装った配下の野武士を使って本能寺を襲撃させたという説もあり、秀吉ならやりかねないと思わないでもないが、さすがに荒唐無稽と言わざるを得ないだろう。）

参考文献

『完訳フロイス日本史3』松田毅一・川崎桃太　訳、中公文庫、二〇〇〇年
『信長公記』奥野高広・岩沢愿彦　校注、角川文庫、一九六九年
『明智光秀』高柳光寿、吉川弘文館、一九五八年

本能寺の変の真犯人は誰か

『明智光秀』桑田忠親、新人物往来社、一九七三年
『信長謀殺の謎』桐野作人、ファラオ企画、一九九二年
『真説　本能寺』桐野作人、学研M文庫、二〇〇一年
『戦国大名と天皇』今谷明、講談社学術文庫、二〇〇一年
『信長と天皇』今谷明、講談社学術文庫、二〇〇二年
『謎とき本能寺の変』藤田達生、講談社現代新書、二〇〇三年
『秀吉神話をくつがえす』藤田達生、講談社現代新書、二〇〇七年
『検証　本能寺の変』谷口克広、吉川弘文館、二〇〇七年
『秀吉はいつ知ったか』山田風太郎、ちくま文庫、二〇一五年
『証言本能寺の変　史料で読む戦国史』藤田達生、八木書店、二〇一〇年
『信長と十字架』、立花京子、集英社新書、二〇〇四年
『ここまでわかった！　本能寺の変』『歴史読本』編集部編、新人物文庫、二〇一二年

あとがき

筆者が歴史の解釈に関して、「ああ、そうなのか、こういう考え方もあるのか。」という思いを初めて持ったのは、梅原猛氏の『隠された十字架』を読んだ時であった。一九七三年頃、筆者が二五歳くらいの時である。それまで、歴史と言えば定型的なものを中心に読んできた筆者にとって、梅原氏の著書はまさに「コペルニクス的転回」をもたらした。独自の発想を基に文献やその他の資料を自在に解釈することにより、ここまで定説とは異なることを導き出すことができるのかと思った。結論の正否はともかく、哲学者というのはこういう発想ができるのかと、そのことに深い感銘を受けたのである。

その後、趣味として美術史なども含め広く浅く（偏りがあるので実は狭く浅く）日本史の逍遙《しょうよう》を楽しんできたのであるが、古代史の分野では安本美典氏や古田武彦氏の著作を知ることとなった。この二人はそれぞれ従来の定説とは異なる独自の方法・学説を展開して（安本氏は数理文献学、古田氏は九州王朝説）、日本古代史界に華々しく登場したように見えたのだが、安本氏と古田氏はその後歩む方向を異にしてしまった。

筆者には、特に古田氏の九州王朝説は概ね合理的なものに思われた。しかし、氏の説は歴史関係の学会や専門家からはほとんど無視され続けているようである。人というものは本来保守的な存在であり、もし古田説が正しければ、恐らく日本古代史の大幅な書き換えが必要になってしまうことから、生理的拒否感のようなものがあるのではないかとも思えてくる。

ただ、古田氏の考え方にもいくつか問題はあるように思う。その一つは、安本氏もそうなのだが、天皇の系譜を基本的にはそのまま認めていることである。また、家永三郎氏が指摘しているように、『日本書紀』（以下『書紀』）などの解釈において自説に都合がいいようにダブルスタンダードを使用しているようなところがある。古田説に対しても、絶対的に信奉することは問題だと思う。

筆者は、大枠として水野祐氏の三王朝交替説や山田宗睦氏の『書紀』論に賛同するものである。水野氏の説は斬新な発想に基づいた説であり、今でも基本的な考え方自体は高く評価できると思う。山田氏は部分的に九州王朝説を取り入れながら、津田史学由来の戦後史学の枠組みに異を唱え、『書紀』を批判的に読み込む作業を続けてきた。

また筆者は、神武東征伝説の元になった史実はあったと思うが、それを直ちに神武天皇という特定の個人の実在につなげることはなかなか難しいと思うし、今の天皇家の本当の初代は継体天皇だと思っている。聖徳太子については、大山誠一氏らの考え方に概ね賛同するものである。本書では、以上のような考え方を基本にして記事をまとめてみた。本書では触れなかったが、倭の五王については、古田氏の『失われた九州王朝』にあるように九州王朝の王とする方が合理的だと思う。

なお、古代史と言えばまず邪馬台国を思い浮かべる人が多いだろうが、筆者の興味関心のありようから、この小著ではあえて直接は取り上げなかった。ただ、安本氏や古田氏も言うように、邪馬台国近畿説はありえないと思う。北九州（博多、太宰府、朝倉あたりのどこか）にあったと考えるのが妥当ではないかと思っている。

古代史以外では、一休と足利義満の関係や本能寺の変に関する話題を取り上げたが、これも筆者の興味関心によるものである。

歴史は一つだが、歴史の解釈は千差万別である。学問研究の進歩により、昨日までの真実が、明日には別の真実に取って代わられることもありうる。理性というものを常に頭の片隅にしっかりと置いて、さまざまな問題を考えていきたいと思う。

〈著者紹介〉

井上知明（いのうえ　ともあき）

1948年、岡山県高梁市生まれ

京都大学薬学部卒業後、京都府庁に勤務

現在、薬剤師の傍ら日本史・日本美術史等を研究

著書『食品・栄養・化学物質と健康』（2002年、新風舎）

『洛中洛外図の世界　―室町時代の京都を見る―』（2014年、鳥影社）

日本史の謎を
斜めから見る

定価（本体1500円+税）

2016年12月17日初版第1刷印刷
2016年12月23日初版第1刷発行
著　者　井上知明
発行者　百瀬精一
発行所　鳥影社 (www.choeisha.com)
〒160-0023 東京都新宿区西新宿3-5-12トーカン新宿7F
電話 03(5948)6470, FAX 03(5948)6471
〒392-0012 長野県諏訪市四賀229-1(本社・編集室)
電話 0266(53)2903, FAX 0266(58)6771
印刷・製本　モリモト印刷

ISBN978-4-86265-594-3 C0021